精神科医が教える「怒り」を消す技術

備瀬哲弘

集英社文庫

精神科医が教える「怒り」を消す技術　もくじ

第2章　なぜ怒りをコントロールする必要があるのか？

第3章　四つの視点から怒りを知る

精神科医が教える「怒り」を消す技術

はじめに

怒りの背後には、「おそれている」気持ち、もしくは「ゆるせない」気持ちのどちらかが、必ずあります。両方がある場合もあります。

この二つの気持ちの反対「おそれない」「ゆるす」を選択できるようになれば、怒りの感情から解放されます。

そして、毎日、心を穏やかにして過ごせるようになるのです。

「そんなことができるようになるには、膨大な時間がかかることだろう」という疑問を抱く人もいるかもしれません。

いいえ。実際には時間はかかりません。

「おそれない」こと、「ゆるす」ことを選択すると心に決めた、その瞬間から、私たちの行動は変化します。

怒りに囚《とら》われそうになるたびに二つの選択を意識すれば、今すぐできるようになります。そうすると決め、そう振る舞えばいいだけです。

本書を手に取ったあなたは、日々、自分の内部で湧き上がる怒りをコントロールできずに頭を悩ませているのではないでしょうか。

怒りは、日々の生活に、ひいては人生そのものに大きな影響を与えます。怒りにまかせて行動したあとには、大抵は後悔したり、罪悪感を覚えたりするものです。

怒りが引いたあと、深いため息とともに、時間を怒りの前に戻して自分の言動を取り消したいと後悔した経験がある人も、きっと多いに違いありません。

その一方で、私たちは他者が激しく怒り狂っている姿を目の当《ま》たりにしたときには、「なぜ、あんなにつまらないことで、そこまで怒るのだろう?」と冷ややかな視線を注ぎます。

「そりゃあ、あの人も怒るよなあ」と他者の怒りに一定の共感ができるケースでさえも、「でもまあ、そこは大人なんだからグッとこらえて……」と客観的に見ることができます。

しかし、いざ自分のこととなると、他人のことのように怒りを無視できません。

「もう我慢できない。この件だけは、どうしても譲れない!」

などと、顔を真っ赤にし、肩をいからせて、拳を振り上げることになります。

次のような格言があります。

「理由のない怒りはない。だが、じゅうぶんな理由があることはめったにない」

「アメリカ建国の父」と讃《たた》えられるベンジャミン・フランクリンの言葉です。

この言葉が長らく人々に受け入れられていることからみても、冷静に客観的な目で見て正当だと判断される怒りは、私たちの日常生活ではまずないといえそうです。

怒りは、他者のものである限り、取るに足りないものです。しかし、いったんそれが自分自身のものとなると、「絶対に譲れない」重要事項に変化するのです。ときには、怒りは暴走し、人生そのものを変えてしまいます。特に、怒りを感じた直後には、怒りが直接的な暴力や暴言に置き換わり、社会生活を破綻させてしまうこともあるのです。怒りは、それほど大きな力を秘めています。

当然のことながら、目の前のことをどのように受け止め、次にどんな行動をするのかは、自らの意思による選択です。

「怒る・平静を保つ」「怒りを顔に表す・顔に表さない」、といったことは、すべて自分の責任で瞬時に判断し、選び取っています。その冷静な選択を惑わす大きなパワーを、怒りは秘めており、そのために多くの人が手を焼くのです。

しかし、冒頭に述べた二つのこと「おそれない」「ゆるす」の意味をかみしめながら生活していくと、まずありのままの自分自身を受け入れられるようになります。ありのままの自分を受け入れると、体中の不自然な力が抜けていきます。そして、「怒りのコントロールがうまくできる」という、自信が湧いてきます。

そうして、怒りの感情を実際にうまくコントロールできるようになります。心が平穏である時間が、日に日にふえていくのです。

心が平穏な状態が長く続いていけば、たとえ不測の事態でイラッとしても、また、しつこい怒りを感じたときでも、素直に対処方法を実践できます。イラッとしても、あまり時間をかけることなく心の平穏を取り戻せるようになるのです。

そして、怒りのコントロールだけにとどまらず、体の内側から湧き出てくるような幸福感を自覚する時間までもがふえていきます。

実は、このような変化は、私自身が体験したことです。

私は元来、怒りっぽい性格です。

しかし現在では、比較的多くの怒りをコントロールできるようになりました。怒ったこと自体について、以前のように罪悪感を抱くこともありません。

怒りは、人間にとってごく自然な感情の一つです。そう考えて、自分の怒りに対して、淡々と落ち着いて向き合えるようになったのです。

具体的には、気持ちの切り替えが上手になりました。また、怒った相手が家族であれば、場合によっては「自分はなぜ怒ったのか」ということについて、冷静に話し合うことができるようになったのです。

日常生活で、怒りに費やす時間とエネルギーが大きくへりました。さらに、怒りをコントロールすることは、その実践を通して幸福感が増していくという、喜ばしい効果も実感しています。

今、この文章を読んでいる人の中には、怒りをコントロールすることなどできないと不安に思う人もいることでしょう。

大丈夫です。私自身の経験からすれば、「怒りをコントロールしたい」と強く望んでいれば、必ずできるようになります。そして、幸福感も確実に増していくのです。

私自身が身をもって体験した感情のコントロールと溢《あふ》れる幸福感を、本書をきっかけに多くの人に実感してほしいと考えています。

第1章

イラッときたときの対処法

まずはとにかく「考えない」

怒りは、大まかにいえば、発生から鎮静まで3段階を経ます。

怒りの第1段階は、怒りに火がついた直後です。

この段階は、強い怒りを感じています。そのため、何を考えても、火に油を注ぐように、怒りが肥大化しがちです。攻撃的な言動や八つ当たりをしやすい時間帯といえるでしょう。

人生を変えてしまうような暴力や暴言は、この段階で生まれます。暴力沙汰《ざた》や訴訟沙汰に発展する原因を作ってはいけません。平和な日本で、他者への攻撃行動は、いかなる理由があってもゆるされないからです。そのため、この段階は、のちほど詳しく述べる方法で一刻も早く切り上げましょう。

怒りの発生から少し時間が経過すると、怒りの第2段階に入ります。この段階では、怒りの感情が和らぎ始めます。冷静な考え方を取り戻しつつあり、いくぶん落ち着き、その怒りについて他人に話せるようになります。

第2段階よりもさらに時間が経過すると、怒りの第3段階に到達します。この段階では、怒りそのものは大分落ち着いて軽くなっています。怒りを「解決した」と捉えることができる場合もあります。怒りが収束に向かい、「あんなに怒ってしまい、自分自身が情けない」と、自分に落胆し、自責の念さえ抱くこともある段階です。

このように怒りは3段階を経て鎮静しますが、例外的に長期間にわたって消えない怒りも存在します。なかなか消えない怒りは、発生した怒りが以上の三つの段階を順調に経ないために生じます。

過去の出来事についてしつこく何度も怒りを感じるのは、衝撃があまりに強かったためです。その衝撃が、時間が経過しても薄まらないのです。なんらかのきっかけによって、第1段階にタイムスリップしたかのように、怒りの感情が容易に肥大化するのです。

さて、この章では、怒りの第1段階を取り扱います。

第1段階では、強い怒りを感じるとともに、怒りを肥大化させがちです。そのため、怒りに向き合い、客観的に考えていくのは非常に困難だと思います。

この段階では、とにかく「考えない」ことです。自分の気を逸《そ》らすことを見つけ、時間を稼ぎましょう。

この段階では、感情を「制御」するのではなく、「抑制」することが大事です。怒りにまかせて攻撃的な言動をせず、第2段階以降へ進んでいくために、イラッとしたり、ムカッときたら、とにかく45分間は気を逸らします。勢いを増す怒りの炎から油を遠ざけることで、平常心を取り戻すのです。

自らの感情に振り回されず、45分間、攻撃行動を抑制できさえすればいいのです。それで、目標は達成したと考えてください。

この達成感が大事です。達成できたという小さな喜びによって自信をつけ、それを積み上げていくことが、大きな力になっていきます。自信を徐々に積み上げていきましょう。

それでは、なぜ「45分間」なのでしょうか。

最初の勝負は45分間

通勤・通学時間は、不特定多数の他者と接触します。多くの人にとってストレスの強い時間です。

総務省の平成23年の社会生活基本調査によれば、関東大都市圏における平均通勤・通学時間は一日当たり、男性で1時間32分、女性で1時間4分となっています。片道で、長くとも45分間程度ということになります。

そうした朝の通勤・通学時に、混雑する駅のホームや電車内で、荷物をぶつけられたり、割り込みをされたり、ヘッドホンから漏れ出す音を聞かされたりして、思わず怒りがこみあげることがあります。

実際に、乗客どうしがトラブルを起こしている姿もしばしば見かけます。そんなときには、怒声がいやおうなしに耳に入り、関係のないこちらまで緊張を強いられて、朝から不快になります。

しかし、そんな通勤・通学時の怒りや緊張も、会社や学校に到着すれば、いつの間にか消えています。

こうした通勤・通学時の体験や観察からわかるのは、次のようなことです。たとえ怒りを感じたとしても、多くの人は、通勤・通学に要する45分程度は、ちゃんと気持ちの抑制ができるということです。そして、45分後には気持ちの切り替えができているということです。

怒りから怒声を発してしまったトラブルの当事者たちも、まさか、職場や教室で、一人で怒鳴り散らしていることはないはずです。気を取り直して、仕事や学業にいそしんでいることでしょう。

多くの人は、45分くらいは怒りを抑制でき、45分後には気持ちの切り替えができるのです。

そうであれば、怒りを感じてからの最初の45分間を、怒りの抑制のための一つの時限として考えて、あらゆる生活場面に応用していきたいものです。

怒りを抑制する際には、怒りを持つに至った事柄や事態について、一切、考えないことです。別のことを考えたり、体を動かしたりして、意識的に怒りを自分から遠ざけましょう。45分間は、何があっても怒りから気を逸らすことに取り組むのです。

とにかく、この段階では、怒りが湧き出る原因や、自分がどう考えたかなどについては無視しましょう。怒りの感情は自己正当化に向かいがちになります。怒りに関連することは考えず、もし考え始めていると気づいたら即刻中止して、とにかく思考の焦点をほかのことへ移すのです。

まずやっていただきたいのは、時計を見ることです。イラッとしたり、ムカッときたりして、カッと頭に血が上ったときは、すぐに近くにある置き時計や腕時計、携帯電話などに目をやって時間を確認しましょう。そして、たとえば午後2時33分だったとしたら、45分後の時間を暗算するのです。「33に45を足して、78から60を引き、1時間くり上がって……。3時18分！」といった具合です。正確に暗算するだけでも、怒りは多少緩和されます。

そして、45分が経過し、暗算で出した時刻になったら、イライラやムカつきは捨て去ることを決めてください。

「怒鳴りはしない。ただ、一言だけはいいたい」などと思っても、その衝動に従っては絶対にだめです。

そんなときには、次の格言を思い出しましょう。

「腹が立ったときには、口を開くまでに10まで数えよ。非常に腹が立ったときには100まで数えよ」

第3代アメリカ合衆国大統領、トーマス・ジェファーソンの言葉です。

「どうして自分は怒っているのだろう」と考えるよりは、イラッとしたり、ムカッときたら、次の瞬間には無理にでも笑顔を作り、週末に楽しむ予定となっている趣味やレジャーについて考えるようにしてください。

「たとえ45分間は気を逸らしたとしても、怒りの根本的な解決にはならない」「ほんの一時しのぎで無意味だ」といった疑問や意見を持つ方もいることでしょう。

ここで確認しておきたいのは、あくまで第1段階では、気を逸らすことが怒りのコントロールにとって有効だということです。

とにかく、気を逸らすことに集中しましょう。

次項からは、この45分間に試みるべき具体的なテクニックをご紹介します。45分後には、ほとんどの人が気持ちの切り替えができるはずです。

その場で怒りを消す技術① ガムをかむ——チューイング

Jリーグの横浜F・マリノスに所属するサッカー選手・中澤佑二《なかざわゆうじ》さんは、試合中にチューインガムをかみ続けています。あるテレビ番組で、ガムをかむ理由についてこんな内容のことを話していました。

「ガムをかんでいると、リラックスできるし、のどの渇きにもいい。また、感情的に熱くなりそうなときでも、ガムをかむことで気持ちをコントロールできる」

中澤選手に限らず、サッカーや野球では、試合中にガムをかんでいる選手の姿を見ることが少なくありません。おそらく多くの人が、彼と同様の理由でガムをかんでいるのでしょう。

カッとして頭にきているときに、気を逸らし、平常心を取り戻すため、体を動かすことが有効です。また、そんな理由から体を動かすことは、無意識にだれもが日常で行っています。

たとえば、イライラしたときに、掃除をしたくなりませんか？　腹が立つと、意識的にフライパンや鍋をゴシゴシ磨くという人もいます。夫婦げんかになりかけると、「ちょっと歩いてくる」といって散歩に出る知人もいます。

このように体を動かすことは、怒りから気を逸らすことに役立ちます。しかし、職場や学校などには、鍋やフライパンはなく、仕事中や授業中に散歩には出かけられません。

そこで、中澤選手のようにガムをかむことをお勧めします。リズミカルに顔の筋肉を動かすことで、リラックスできます。また、実際にやってみるとわかりますが、怒っているとき、ありったけの力を込めてガムをかむと、怒りのテンションがスッと下がります。ガムをかむ行為が、攻撃行動を代替している面もあるのかもしれません。

仕事が窓口業務などでガムをかむのが難しい人は、ミントタブレット（「フリスク」などの清涼菓子）がおすすめです。2、3粒を口に入れたとしても、飲み込むまでに1分とかかりません。

来客がちょっと途切れたときや、手元の作業スペースを整理しているときなら業務に支障は出ないのではないでしょうか。タブレットが適度に硬いこともあり、「ガリッ」とかみ砕けばイライラ感がいくらか発散するようにも感じられますし、ミントの爽快感が口中に広がり、一瞬で気分がリフレッシュされます。

窓口対応や接客業務など、ガムをかむことが難しいと考えられる仕事では、対人的な接触が多く、時間的にも相手の都合により拘束され、負荷も大きく、怒りが喚起されることも多いと推測されます。いくつもの怒りが積み重なって膨張《ぼうちょう》しないように、タブレットなどを用いて対処していきましょう。

その場で怒りを消す技術② 観察する――ウォッチング

怒りについて考えるときには、自分に向き合うことが必要になります。反対に、怒りについて考えないときには、内なる自分から目を背け、できるだけ外部に目を向ける必要があります。

会社や学校など、建物内にいるときに怒りが噴き出した際には、グッとこらえて窓の外の景色に目をやりましょう。自分のデスクから外が見えない場合には、窓際まで足を運び、業務に支障が出ない3分間程度、外の様子を観察しましょう。

ここで注意すべきは、外の景色を見ることに集中し、自分の内面に入らないことです。せっかく外の景色を見ているにもかかわらず、頭の中で目の前の風景とは無関係の不愉快な記憶を見つめてはいけません。

たとえば、窓の外に居酒屋の看板が見えたとします。怒っているときには、頭の中で「居酒屋か……。そういえば、一昨日《おととい》飲みに行ったとき、酔っ払った課長が何か気に障ることをいったな。何だったかな……。そうそう、確か仕事は正確だけど、要領が悪いとぬかしたんだ。ミスが多いあいつにいわれたくないよなあ……。あーあ！　あいつのせいで余計にムカムカしてきた！　俺はこんなにがんばっているのに、どいつもこいつも……」

などと、見えている実際の景色から連想し、居酒屋の看板とはまったく関係のないことを考えたりします。これは、自分の頭の中のデータベースに照らし合わせて、物事を見るために生じます。怒りを鎮静化するために、外の風景を見て気を逸らす作戦なのに、これでは台無しです。

こうならないためには、頭の中で風景画を描くつもりで、外の世界を眺めるといいでしょう。たとえば、こんな感じです。

「居酒屋の看板か。この時間帯は隣のビルの影が射《さ》しているから、陰影をうまく表現するといいな。そうすると、ここまでをシャドウとして濃く塗り、次第にグラデーションをつけて描いてみるとするか。おっ、よく見るとあの看板、左上の角がはがれている。この部分をうまく描ければ、リアルな感じが出るな。よし、やってみよう」

このときのポイントは、目で見ている物に自分なりの意味づけをしないことです。視覚的な情報を、できるだけ正確に拾い上げることだけに集中するといいでしょう。そうやって、別のことを考えると、気持ちが切り替えられるようになります。

その場で怒りを消す技術③　他人の声を頭で追いかける――シャドーイング

オフィスに窓がなく、また窓があったとしても3分間も特別な時間を作れないという人は、怒りから気を逸らすために、周囲の雑音に耳を澄ませましょう。聴覚的な情報を正確に拾い上げることに意識を向けるのです。

ここでも、音の連想から自分の内側に入っていかないようにしてください。

「あっ！　この声は、俺を怒らせたベテラン事務員のAさんだ。だれに対してもこういういい方なんだよな。本当に上から目線で、他人事《ひとごと》だけどムカつくなあ……」

これでは、怒りをクールダウンさせることなどできません。頭の中に響く自分の声ではなく、ここでも聴覚的な情報を正確に拾い上げることを意識しましょう。

英語学習法に、「シャドーイング」というトレーニング法があります。聴き取った英語に対し、自分でそれを声に出して、影（シャドウ）のようについていく学習法です。

怒りから気を逸らすために、このシャドーイングを行いましょう。ただし、一点だけ方法を変えて、「シャドーイング変法」として行います。

シャドーイングでは、声を出して発音していくことが重要です。しかし、シャドーイング変法では、周囲に気づかれずに怒りから気を逸らすことが目的ですから、声に出さずに頭の中で話すのです。

たとえば、イライラしながら仕事をしているとき、電話の呼び出し音が聞こえてきたとしましょう。

実は、この音こそ、怒り経験から気を逸らすための合図になります。耳を澄まし、電話を取った同僚の声に集中してください。

「はい、○○社です。……いつもお世話になっております。はい、私です。……ええ、先日の件ですね」

この同僚の電話対応を、あなた自身が一字一句間違えないように頭の中で復唱するのです。そのときのイメージは、輪唱です。『カエルの合唱』や『森のくまさん』の輪唱の要領で、相手の言葉を頭の中でくり返します。

これは、電話対応だけでなく、来客への対応などでも可能です。これも同僚の応対する声のみをピックアップし、頭の中で復唱します。

「こんにちは。ご面会でいらっしゃいますね？　はい、今、△△を呼んでまいりますので、少々お待ちいただけますか」

そんな声が聞こえてきたら、あまり遅れることなく、その声を再度、頭の中で再現してみるのです。

シャドーイングをするためには、聞こえてくる声に、かなり集中しないといけません。そうすることで、気持ちが自分の内側に入っていくことを防げるので、一石二鳥の効果を得られます。

その場で怒りを消す技術④　においを嗅ぐ――スメリング

気持ちが落ち着く好きな香りを準備しておくと、怒りの鎮静化に役立ちます。「香り」と聞くと、アロマテラピー（芳香療法）を思い浮かべる方も多いと思います。しかし、職場や学校で、お香やエッセンシャルオイルを焚《た》くことができる人は、ほとんどいないでしょう。

ハンカチを用いたスメリングならば、場所を選ばずに行えます。イライラしたり、ムカッときたりと、とにかく不快な気分になったら、ハンカチの匂《にお》いを嗅ぐのです。

やり方は簡単です。鼻と口にハンカチを当て、3回深呼吸すればいいだけです。深呼吸は、鼻から空気を吸って、なるべくゆっくりと口から吐き出します。深呼吸が終わったら、口を一瞬一文字に結び、「丹田《たんでん》（へそから人差し指と中指の横幅分下のところ）」を意識して「不快な気持ちをここに収めた」と、怒りの塊《かたまり》がおなかに収まったことを頭でイメージしましょう。これで、終わりです。

この方法は、私自身が偶然行い、発見した方法です。

ある週末、終電近い電車に乗ったときのことでした。私は、7人ほどのサラリーマンとおぼしき中年男性のグループに囲まれるようにして立っていました。

　彼らは、呑《の》み会の帰りのようでした。酒やタバコ、串焼き屋などに漂う煙のにおい、そして汗やヘアリキッド、コロンなどの入り混じったなんとも複雑な異臭を車両内に漂わせていました。そんな彼らに、私は囲まれていたのです。

　そのころの私は睡眠不足が続き、いつにも増してイライラしやすいコンディションでした。電車に乗った直後から、私は気分だけでなく、胃もムカムカし始めました。これくらいはお互いさまだと思う精神的な余裕もなく、ムカついた私は、これ見よがしにハンカチを取り出して自分の顔に当てました。

　サラリーマンたちは酔いのためか、幸いにも私の振る舞いには気づきませんでした。今から思えば、よくもそんな子どもっぽい振る舞いをしたと思います。ともあれ、そのときの私には精神的な余裕はなく、プリプリしながらハンカチを顔に当てていました。

　眉間に深くシワを寄せたままでしたが、私はホッと一息つきました。すると、どうでしょう。ハンカチからは石けんの香りとともに、かすかにお日さまのにおいもします。心地よさを感じ、一瞬で怒りはクールダウンしました。

　それ以来、周囲の人に不快な感じを与えないように注意しながらですが、不快なときには顔にハンカチを当てるようにしています。この動作をくり返すうちに、深呼吸を3回行ってから、怒りをおなかに収めるイメージを用いると、より効果的だということに気づいたのです。

このクールダウンのためのスメリングは、1分とかかりません。私の場合は、ハンカチを収納しているクローゼットに固形石けんをいっしょに入れておくだけですので、コストもほとんどかかっていません。

好みのエッセンシャルオイルがあるのならば、ハンカチにオイルを数滴しみこませた布や陶片などを置いておけばいいでしょう。

とても簡単な方法ですが、嗅覚刺激を利用して心地よさを高める方法は、怒りからの気持ちの切り替えに有効です。

その場で怒りを消す技術⑤　音楽を聴く――リスニング

もし音楽を聴くことが可能な環境ならば、怒りの感情が湧いた際にお気に入りの音楽を聴くようにしましょう。

「ウォッチング」や「シャドーイング」の項では、記憶や心の声から関心を逸らすようにして、気持ちの切り替えを図りました。今回のリスニングは、その逆です。

たまたま入った店で自分の好きな曲が流れていると、その音楽にまつわる楽しかった大切な記憶が甦《よみがえ》ることがあります。このように、自分の好きな音楽を味方にし、心地よい過去の記憶によって怒りの感情を解消していくのです。

1曲の時間は、ポピュラーミュージックであれば5分とかからないでしょう。うまくいけば、最初に設定した45分間よりもかなり短い時間で、怒りの第1段階を抜け出せる可能性があります。

その場で怒りを消す技術⑥　顔を洗う――ウォッシング

「頭にくる」「頭に血が上る」とは、怒りに関する代表的な慣用表現です。「顔を真っ赤にして怒る」という表現もあります。いずれも、怒りが首から上の顔に影響を与えている様子を表現しています。

怒ったときやその直後には、意思とは関係なく、体の機能を調整する自律神経《じりつしんけい》のうち、体の緊張をつかさどる交感神経系《こうかんしんけいけい》が興奮した状態にあります。生理的な反応としては、脈拍が速くなり、血圧は上昇しています。そのため、実際に顔面が紅潮したり、額《ひたい》の辺りが熱を帯びて感じたりするのです。

そんな人には、「頭を冷やせ」「顔を洗ってこい」などと声をかける場合があります。ウォッシングは、それを言葉だけに終わらせず、実際に自ら洗顔します。「怒りの感情をクールダウンするために顔を洗いに行こう」と歩き始めれば、その時点で冷静になってきている自分を自覚できるでしょう。バシャバシャと冷たい水で顔を洗い、「フーッ」と大きく息をついたあとには、心身は想像するよりはるかにスッキリし、気持ちが切り替わっているはずです。

職場や学校では、ウォッシングのためにトイレに立てるタイミングまで、怒りを抑えることもポイントになります。

その場で怒りを消す技術⑦　とにかく歩く――ウォーキング

怒りが強いときには、いつもよりも歩幅を広く取って、早足でしばらく歩き続けると効果的です。歩幅を広く取った早足歩行の動作は大きく、複数の筋肉を使うことに集中せざるをえないので、気持ちを切り替えやすくなります。

ウォーキングは、家族などの親しい間柄の人に対して怒っているときに特に有効です。こうした親しい間柄の人に対しては、「甘え」の心理が働き、些細《ささい》なことで怒りがちです。職場や教室など社会的な場に比べて、家庭などのプライベートな場面のほうが、些細なことでも怒りだしてしまう人は多いことでしょう。

夫や妻、パートナー、親、子ども、兄弟など、親密な関係にある他者に対して、私たちはつい甘えるからこそ、怒るのです。

「お母さんがそういういい方をするから、私が怒るんでしょう！　悪いのはお母さんのほうよ！」

まるで小学生の台詞《せりふ》ですが、だれもが声に出さないまでも、このような思考回路に陥り、自分の怒りを正当化したりします。「お母さん」の部分を、夫や妻など親しい人の名前に置き換えてみれば、だれにもこんな経験があるのではないでしょうか。

何をいっても、最後にはゆるしてくれるという期待、つまり甘えることができる他者がいることは大事なことです。ただ、甘えられる相手だと、怒りは肥大化しやすく、また怒りにまかせた攻撃的な言動を表出しやすくなります。また、「しつこい怒り」の対象になるケースも少なくないことでしょう。

心から信頼し合える他者だからこそ甘えることができ、また逆に甘えてもらえることもできるのです。苦しいときに支え合うことができる人とは、このように甘え合うこともできる人ではないでしょうか。

そうであるなら、その人との関係は最も重要なものです。一時的な怒りの感情に振り回され、その関係を台無しにするようなことは、絶対に回避しなくてはなりません。

先にも述べたように、怒った直後は、怒りの感情はさらに肥大化する傾向があります。この第1段階で、当事者どうしが話し合ったり、怒りの感情が起こった出来事について考えたりすることはやめましょう。

「話はあとにしよう。ちょっと落ち着いてくる」

とだけ相手に告げて、しばらくは黙々と足を動かすことに集中しましょう。その際には、怒りを呼んだ出来事については考えてはいけません。呼吸が荒くなり、汗もにじんでくるころには、冷静さを取り戻せるでしょう。そうなれば、

「さっきはごめん。実は……」

という言葉も、スムーズに口を突いて出てくるようになります。

話し合いの場を持つのは、それからでも遅くありません。それまでは、とにかくひたすら歩きましょう。

その場で怒りを消す技術⑧　心の叫びを書く——ライティング

「これをいっても自分にはメリットがない。それでも、どうしてもいわずにはい

られない」

怒っているときには、そんなふうに考えることがあります。自分が怒っていることを他者に知らせたくなるのです。

「自分は理由なく不当な扱いを受け、そのために心理的な被害を被っている」と考えるからです。ときには、そのような思い込みを抱いたときに、怒りが生じます。つまり、「自分は被害を受け、こんなに困っているんだ」という表現欲求です。

そのため、困っていることを広く知ってもらいたいために、つい無関係の他者に八つ当たりしてしまう場合も出てきます。

怒りを呼んだ対象が目の前にいる場合には、よくないと頭でわかっていても、怒鳴りつけたくなることがあります。冷静さを装いつつ、ネチネチと攻撃したくなることもあるでしょう。

基本的には、そうした行為にメリットはなく、デメリットとなるリスクが高いので、怒りを表すことは避けるべきです。それでは、このモヤモヤした鬱憤をどう処理すれば、第1段階を乗り切ることができるのでしょうか。

こんなときには、他人の目に決して触れることのないノートや手帳、携帯電話やパソコンを用意して、そこに自分の心の叫びを書き出してください。心の叫びを文字として吐き出してしまうのです。

心の叫びを文章化すると、その瞬間から怒りの感情に対して客観視できるようになっていきます。自分の一部だった感情が、あたかも「外にある怒り」として見られるようになれば、それまでよりも冷静になることができます。また、いいたいことを表現することによって、心がスッキリすることにもなります。

だれかに見られる心配はないため、思う存分書き出しましょう。そして、ノートや手帳などの紙に思いを書き出したら、その部分を切り取り、細かく破ります。そのあと、ゴミ箱に捨てるのです。

携帯電話やパソコンでも同様です。思いを打ち込んだあとは、削除するか、デスクトップ上のゴミ箱に捨てましょう。

いずれの場合でも、ゴミ箱に捨てると同時に、「怒りはゴミ箱に捨て去った」と心の中で唱えてください。気持ちは、よりスッキリすると思います。

なお、ノートや手帳にしろ、携帯電話やパソコンにしろ、書いた内容を他人に知られないようにじゅうぶんご注意ください。

その場で怒りを消す技術⑨　筋肉の緊張を解く――マッスル・リラクシング

怒りが喚起されると、心拍数は増加し、血圧は上がります。また、筋肉の血流も増加し、体は緊張状態となります。

ここでは、この筋肉の緊張を解くことによるリラックス効果を利用して、精神的な平穏を取り戻しましょう。

場所を選ばず、簡便にできる方法を紹介します。以下、立って行っても、座って行ってもいいでしょう。

マッスル・リラクシングのやり方

①両腕を垂らしたまま、鼻から息を吸いながら両肩を上げ、両手の拳を力いっぱい握りしめ、両肩から両腕に力を込める。息は止めた状態で10秒間キープする。

②体の力を一気に抜く。同時に口をすぼめて、ゆっくりと息を吐き出す。

③両腕を垂らしたまま、鼻から息を吸いながら両手の拳だけを力いっぱい握りしめ、息は止めた状態で10秒間キープする。

④体の力を一気に抜く。同時に口をすぼめて、ゆっくりと息を吐き出す。弛緩《しかん》する筋肉の状態に意識を集中する。

これだけで、気持ちはずいぶん冷静になれます。また、この方法を試すと、怒っているときには、いかに体に力が入っているかということにも気づくでしょう。弛緩する筋肉の状態を実感できるようになると、精神的に落ち着いてくる自分の状態にも気づけます。

このように、体の反応も利用して、リラックス効果を得るようにしましょう。

その場で怒りを消す技術⑩　想像する——イメージング

怒りから気を逸らそうと体を動かしてみても、気がつけば、いましがたの怒りについて考えてしまい、どうしても頭から拭えないといったこともあるでしょう。

そんなふうに、怒りからうまく気を逸らせないときには、そのときに行っている動きを続けながら、頭の中で「ストップ！」と自分に声をかけてください。そして、その出来事を想起することはやめて、「怒りを捨て去るように」と自分を説得するのです。

たとえば、アニメ仕立てのこんな空想をしてみましょう。

激しく怒っているあなたは、顔を真っ赤にして頭からはポッポッと湯気を立てています。それでも、クールダウンに取り組もうと考えますが、あなたの両肩に乗った小さな天使と悪魔が、それぞれ何事かをささやいています。

右肩に乗った悪魔は、早口のイライラした口調であなたを焚きつけます。

「お前は悪くない。悪いのはアイツだよ。世界中の人がわかってくれるさ。悪い奴《やつ》は、こらしめないといけないだろ？　そうしないと、世の中のためにならない。それに、黙っていると意気地《いくじ》なしだと思われてしまうぞ。さあ、怒鳴りつけてやれよ！」

左肩に乗った天使は、落ち着いた声で語りかけます。

「自分の心が乱れるようなことはすべきじゃない。傷つくのは、いつも自分自身なんだ。絶対に怒鳴るべきじゃない。どちらがいい・悪いなんて大した問題じゃないんだ。立場が違えば、それぞれ自分が正しいと思うだろう。君もわかっているはずだ。穏やかな気持ちで過ごすことが、今の目標だろう。話し合いが必要ならば、時間をおいてからでも遅くない。さあ、その怒りを捨て去ろう」

天使の声も、悪魔の声も、あなた自身の声です。「理性的な自己」と「敵対的な自己」といってもいいでしょう。

天使と悪魔のイメージなど、普段ならば決して想像しないでしょう。バカバカしいかもしれませんが、この段階ではとにかくなんでも利用して気を紛らわせるべきです。

そして最後には、「怒りを捨て去ろう」という天使の声に必ずうなずいてください。アニメで悪魔が煙に巻かれて忽然《こつぜん》と姿を消すように、あれほどしつこかった「敵対的な自己」の声もそれでやむことでしょう。

その場で怒りを消す技術⑪　瞑想《めいそう》する――メディテイティング

怒りのコントロールに慣れないうちは、これまでに紹介した方法を試しても、怒りがなかなか収まらない人もいるかもしれません。そのような人は瞑想（メディテーション）に取り組んでみましょう。

精神的に穏やかな状態を、瞑想によって心身に覚え込ませておきます。そして、いざ怒りで心が乱れたときには、穏やかな心の状態に戻すべく瞑想を実践するのです。

ここでは、怒っているときにも、短い時間でどこでも簡単に行える方法を紹介します。プチ・メディテーションともいえる「メディティティング」です。

どこでも行えるように、あえて姿勢にこだわりません。立ったままでも、床やいすに座ったままでもいいでしょう。背すじを伸ばして行うと、やりやすいと思います。

メディティティングのやり方

①目を閉じて、口からゆっくりと息を吐き出す。おなかがぺしゃんこになるまで、意識して息を吐き切るといい（目を完全に閉じなくても、目を細めて焦点をぼやかすようにしてもいい）。

②胸、そしておなかがパンパンにふくらむまで鼻からゆっくりと息を吸う。

③①と同様に、おなかがぺしゃんこになるまで、口からゆっくりと息を吐き出す。この際、「リラックス」「怒りを捨て去る」「穏やかな心に戻る」などと心の中で唱える。

③で唱える言葉は、これだけに限定せず、自分が落ち着く短い言葉を事前に準備しておくといいでしょう。言葉とともに、「穏やかなたたずまいの人物」をイメージすると、さらに心が落ち着くことでしょう。

私の場合には、穏やかなたたずまいの人物というと、プロ野球・福岡ソフトバンクホークスの王貞治《おうさだはる》会長です。選手時代はもちろん、監督としても長年にわたって優れた成績を築いたことからも、強い自制心を持っていることが想像されます。

私見ながら、王さんには怒りを感じても簡単には口を開かず、「うんうん」とうなずきながら受け流すことが多いような印象があります。そのため、私がプチ・メディテーションを行う際には、自然と王さんをイメージし、想像上の彼の振る舞いを取り入れるようにしています。

もちろん、身近な尊敬できる上司や先輩であれば、さらに具体的なイメージをすることができていいでしょう。

怒りの感情から気を逸らすために、①〜⑪までテクニックをご紹介してきました。このように体を動かしたり、五感（視覚、聴覚、嗅覚など）を活用したりすることが有効です。

膨張する怒りでいっぱいになっている脳に対し、外部からの刺激を意識的に入力することで、怒りの占有率を相対的に減少させるイメージです。

ここで挙げたような方法を組み合わせて実践すれば、45分はあっという間でしょう。怒りの発生から45分が経過すれば、自分の神経をあれほど逆なでし、人生の一大事であるかのような怒りであっても、「あんなつまらないことで、どうしてあれほどイラついたのだろう?」と苦笑することが多いのではないでしょうか。

このような状態になれば、怒りの第1段階は終了です。第2段階へ移りましょう。

また、もし45分を過ぎた時点でも、まだ眉間にシワが寄っている場合には、「今、感じている怒りは捨て去る!」と、自分を説得し、怒りに終止符を打ってください。

そして、必ず第2段階に移り、時間に追われていないタイミングで怒りの経験を整理してください。

なお、第1段階での「ドライビング」と「ライディング」は禁止です。つまり、怒っているときには、自動車やオートバイを運転することは厳禁です。荒れた精神状態で、乗り物の運転をすれば、「走る凶器」となりかねません。

運転するのならば、クールダウンして冷静さを取り戻してからがいいでしょう。そのほうが、窓の外を流れる景色も、頬を撫でる風も、きっと心地よく感じられるはずです。

第2章

なぜ怒りをコントロールする必要があるのか？

なぜ怒ってはいけないのか

第1章で触れたように、怒りの鎮静化プロセスは3段階です。

怒りの第1段階では、何を考えても怒りを肥大化させてしまうリスクが高いことから、できるだけ怒りに関連することを考えず、気を逸《そ》らす必要があります。そのために、体を動かしたり、五感を活用したりする技術を紹介しました。

早速、試したという読者もいることでしょう。意識して怒りから気を逸らして行動し、怒りにまかせた振る舞いは避けられましたか？

うまくいかず、怒りでカッカしたまま、他人に八つ当たりしてしまったという方もいるかもしれません。うまくいかなかったとしても、自分を過度に責めないでください。当然ですが、私たちは完璧《かんぺき》な存在ではありません。うまくいかないことは、だれしもあります。

たとえ、今うまくいかなくても、怒りのコントロールにくり返し取り組み続けていく必要があります。継続のためには、怒りのコントロールがうまくできない自分や、ときには他人に八つ当たりをする自分、つまり完璧ではない今の自分をありのままに認めましょう。そして、今の自分を「ゆるす」のです。

読者の中には、「怒りのコントロールを続けていく必要があるのか？」「悪いのは自分ではないのに、なぜ今の自分をゆるすのか？」と、違和感を抱いた方もいるかもしれません。

「怒りは人間に備わった自然な感情なのだから、無理に抑え込まなくてもいいのではないか？」「自分を簡単にゆるさず、もっと真剣に突き詰めないといけないのではないか？」といった声も聞こえてきそうです。

そもそも、怒りをコントロールすることによって、私たちは何を目指しているのでしょうか。それがわからない限りは、コントロールする動機づけが得られません。

それらの疑問への私なりの答えは、少し先で述べたいと思います。ここでは、この疑問はいったん脇に置き、先に進んでいくことにしましょう。

思いやりがイライラに変わるとき

些細《ささい》なことが原因で、あなたが夫や妻、恋人などのパートナーと口論になったとします。たとえば、こんな感じです。

「仕事で遅くまでの残業や接待、出張が続いているんだ。わざわざいわなくても、毎日そばにいる妻は、自分が疲れているのはわかっているだろう。それなのにいたわることもなく、『次の休みには友だちと買い物に行きたいから、子どもたちの世話をしてほしい』と、うれしそうにいってきた。まったく何を考えているんだ！」

「最近、仕事が忙しくて疲れが溜《た》まっているだろうから、私の買い物につき合わせては悪いと思ったの。それに、普段は子どもの寝顔しか見られないから、休みの日くらい、自宅で子どもたちといっしょに過ごしたほうがいいかと、私なりに気を遣ったのよ。急にプリプリして不機嫌な態度を取りだして、失礼しちゃうわ！」

客観的に見れば、双方、「気持ちはわかるけれど、そこまで怒るようなことでもないな」と思えます。しかし、当事者にとっては、無性にイライラしてしまうという類いの状況です。

この夫婦のイライラの原因を簡単に解説すれば、夫は、「疲れている自分を妻がいたわる」ことを期待しています。かたや妻は、「私の思いやりに気づいて、夫は喜んでくれる」ことを期待しています。どちらも、この期待が裏切られたことによって、イライラするのです。

この期待の基点となる感情は、「いたわる」という愛情であり、「喜ぶ（＝感謝する）」という愛情であります。つまり、相手から愛情を与えてほしかったのに、それが満たされないために起こっているのです。

お互いの感情が満たされず、あなたはイライラしたままです。相手を怒鳴りつけたい気持ちをグッと抑え、自分の考えを妻に話したいと思いました。

しかし、あなたは本書の第1章を読んだばかりです。怒りの鎮静化プロセスの第1段階についての知識があります。そのため、顔をウォッシングし、ウォーキングに出かけ、そのあとスメリングを試みました。幸いにも、ウォーキングを終えると、かなりの冷静さを取り戻しました。

「よかった。今日は怒りにまかせて怒鳴ったりしなかったぞ」

怒りをコントロールできたことに、あなたは一定の満足感を覚えるでしょう。

しかし、この時点で気づくことがあります。

「あれ？　まだなんとなくモヤモヤと心がざわつく……」

このモヤモヤとした心のざわつきとはなんでしょうか。それは、先に保留にした「怒りのコントロールの目的」という疑問への答えにもつながっていきます。

このモヤモヤとした心のざわつきは、「未だ手に入れられない愛情を求める葛《かっ》藤《とう》」です。求めているのに与えてもらえないというおそれが、あなたの心をざわつかせるのです。この葛藤は、あなたが他者から受け取ること、つまり与えられることを求めている限り永遠に続きます。

もし妻が、「いつもお疲れさま。ほんとうに大変ね」などといったねぎらいの言葉をかけてくれても、愛情を求めるというスタンスを変えない限り、あなたは容易に満たされることはありません。

「たまの休みの日には、一人でのんびりDVDでも観《み》て疲れを癒《いや》したいから、買い物には子どもたちを連れていってくれないか」

などと、わがままな願望を満たすための愛情を妻から与えてほしくなるのです。

妻のほうは、

「休みの日には、自宅でゆっくり子どもたちと過ごせるように気を遣ってくれてすまないな」

と、自分の気遣いに対して、夫から求めていた期待通りの感謝の言葉をかけら

れても、続けて、

「ただ、今回の買い物は延期にしてくれないか？　接待でゴルフの予定が入ったんだ」

とでもいわれようものなら、

「えっ？　なんで？」

と、不平・不満が噴き出し、カッカしてくることになりかねません。この場合にも、「気遣ってあげたのだから、その見返りとして楽しく買い物に出かけたい」という、結局は自己中心的な願望を満たしてくれる愛情を与えてほしいと考えて怒っているということになります。

ここで挙げたのは、単なる一つのたとえ話にすぎません。しかし、私がいわんとしていることは、「求める」というベクトルの気持ちがあると、私たちの心は安らぐことができないということです。

「求める」気持ちは、それが一瞬満たされたとしても、エスカレートしていく傾向を持っています。求めること、もしくは与えてもらうことでは、心の安らぎは得られません。永遠に気持ちが落ち着くことはないのです。

心のざわつきは消えませんし、イライラもくり返されます。この例におけるモヤモヤの正体は、求める気持ちと満たされない状況との葛藤です。もしくは、満たされないのではないかというおそれです。終わることなく葛藤が生じ続けるため、私たちの心は安らぎを得ることがないのです。

しかし、私たちが本来望んでいるのは、当然ながら「心の安らぎ」です。

心は安らぎを渇望している

それでは、これがどうして先に出てきた疑問に関連するのかを、これから説明します。その疑問とは、以下の二つです。

「怒りのコントロールを続けていく必要があるのか？」

「悪いのは自分ではないのに、なぜ今の自分をゆるすのか？」

まず、前者の疑問に対する答えを述べると、私たちの心は、ざわつきやイライラ、またはモヤモヤした状態でいることを望まないからです。私たちが望んでいるのは、心の安らいだ状態なのです。

心の安らいだ状態を維持するためには、たとえ何度失敗しても、怒りのコントロールにくり返し取り組んでいかねばなりません。

また、後者の疑問に対する答えも同様です。私たち自身が心の安らぎを得るためには、今の自分をゆるしていくことが必要になります。

完璧にいかない自分を悔いて責め、場合によっては他人と比較し、うまくいかない問題を親や育ちや環境のせいにして……という具合に、自分をゆるせないでいると、抱えている葛藤になんらかの理屈をつけることで、自分を納得させたくなります。

そうなると、問題は複雑化する一方です。安らぎを得たくて思索を重ねているはずなのに、そもそもの方向性がズレていると葛藤がふえていきます。それは、苦痛以外の何物でもありません。

ここで確認したいのは、「怒りのコントロールに取り組む目的」です。目的を明確にし、それに向かう動機づけがしっかりなされれば、くり返し取り組むことができるでしょう。

そして、その目的とは、「心の安らぎを得るため」以外にありません。これは、私たちが自らの力で選択するものです。心の安らぎは、ほかのだれかが与えてくれるものではないからです。そのために、怒りのコントロールに自分自身で何度もくり返し取り組んでいく必要があるのです。

心の安らぎという目的が明確になれば、それに向けての動機も自然に高まるのではないでしょうか。

しかし、それでもうまくいかないことは必ず出てきます。そんなときには、再度、自分に問いかけてください。葛藤を選ぶのか、安らいだ状態を選ぶのか。そうすれば、自《おの》ずと道は決まることでしょう。

次項からは、怒りをコントロールして安らいだ心の状態を維持するために、怒りに関する諸々《もろもろ》の知識を整理していくことにします。

怒ってよかったことはあるか？

ここで、怒りについて、あなたに二つの質問があります。

一つめは、「怒ったことはありますか？」

普段ならば即答できるかもしれませんが、これまでの文脈から突然出て来たこの問いかけに、少しとまどうかもしれません。

怒りをコントロールする目的は、自分の心の安らぎです。そして、その安らぎを通して、心身の健康度を高め、よい人間関係を築き、よりよい人生を歩んでいくことです。あくまで他人のためではなく、自分のために行うものです。第三者の視線を気にすることなく、素直にシンプルに自問してみましょう。

素直になれば、答えは一つです。すべての人が、「ＹＥＳ」と答えることでしょう。「私は怒ったことはありません」という人は、まずいないと思われます。なぜそういい切れるのかといえば、怒りは人間が抱く基本的な感情の一つだからです。怒りは、自然な感情の発露なのです。

二つめの問いは、「怒ってよかったことはありますか？」

この問いにも、素直に答えてください。

入浴中や晩酌中、またはベッドの中で、今日という一日を振り返ったとき、「怒って本当によかったなあ」と思える人は、まずいないでしょう。「あのとき、なんでもっと冷静に対応できなかったのだろうか」「思わず声を荒らげてしまったけれど、失敗したなあ……」「あとになって考えてみると、怒るようなことではなかったなあ。相手に不愉快な思いをさせたよなあ……」などと、ため息をつきながら呟《つぶや》くことがほとんどではないでしょうか。

怒りの感情を抑えることができなかった日には、今日という一日を省《かえり》みる際に、このような後悔の念に囚《とら》われます。その理由や正当性にかかわらず、怒りを他人に対して表出すると、間違いなく後味が悪く、必ずといっていいほど自責の念にかられて落ち込みます。

逆に、他人から激しい怒りをぶつけられた場合には、「どうしてあの人は、あの場面で怒りだしたのだろう。理解に苦しむよなあ」「あんなふうに大声を出すなんて大人げない。ああはなりたくないものだわ」「いきなり怒りだすなんて本当に失礼な人。これからはつき合い方に注意しないとな」という具合に、相手に警戒心を抱き、今後のつき合い方について考えるきっかけになることさえあるでしょう。

もし自分に非があり、他者から怒られた場合でも、「みんなの前で叱《しか》ることはないのに」「あの人にいわれなくても、自分でわかっているよ」「いくらなんでもあんないい方はないよな」などと、相手を責めたり、逆に相手に対して理不尽な怒りを持ったりして、自己防衛に走ることも多々あります。

もちろん、その後冷静さを取り戻してから省みると、それ自体を恥じたりします。しかし、そんなときでも、いやそんなときだからこそ、自分をゆるす重要性を意識することは大切です。

いずれにせよ、怒りはその正当性にかかわらず、かなりのエネルギーを要し、それとともに人間関係を損なう危険性が大きいのです。場合によっては、お互いの人間関係を修復不能なまでに悪化させます。人を自分から遠ざけてしまうリスクが高いものなのです。

たとえば、一日の締めくくりに悔いるどころか、あなたの人生それ自体が悔いる材料になることもあります。怒りが、人生そのものを変えてしまうのです。

「あのとき、怒りで冷静な判断を失うことがなかったら、こんな惨めな人生を送ることもなかった。自業自得とはいえ、悔やんでも悔やみきれない……」などと考えながら晩年を過ごすことにもなりかねません。

もちろん、私たちはこのような怒りがもたらすリスクについて常に意識して生活しているわけではありません。しかし、ことあるごとに反省し、意識的・無意識的にかかわらず行動修正を試みているともいえます。

確実にいえるのは、「怒ってよかった」といえるケースはほとんどないということです。怒りで心はざわつき、そのたびに反省することを考えれば、怒りをコントロールして抑え込むことの大事さを実感できるのではないでしょうか。

よりよく生きるためのコツ

「心の安らぎを得て、よりよい人生を歩む」という願いから、私たちは怒りをコントロールしようと考えるのです。怒りをコントロールできない限り、心の安寧《あんねい》は得られず、それどころか人生を破滅に導きかねません。破滅とまではいかなくとも、人生の多くの時間を、後悔や自責の念に費やす危険性はかなり高いといえるでしょう。

怒りを上手にコントロールできる人は、周囲から慕われ、尊敬の念を抱かれます。そうした人は、「ああいうふうになりたい」「あの人なら信用できそうだ」「いっしょにいると落ち着く」という評価を周囲から得て、豊かな人脈を自然に築ける可能性が高まります。

怒りをコントロールできる人は、心が常に平穏に保たれているため、自分も気持ちがよく、かつ周囲の人たちを心地よくさせます。いっしょの時間を過ごす他人を心地よくさせるといった人間性の源《みなもと》は、「おそれない」、そして「ゆるす」

という二つの心構えにあるのだと思います。

当然のことながら、怒りは人を遠ざけます。その反対に、怒りをコントロールできる人は、多くの人を惹《ひ》きつけるのです。

それでは、怒りとはそれ自体が悪いことなのでしょうか？

怒りは、喜怒哀楽といわれる、人が自然に持つ四つの感情の一つです。怒ったり、イライラすることは、人として自然なことであり、決して悪いことではありません。

もちろん、「怒らない人」になれれば、それは望ましいことです。自分にとっても、他者にとっても不快であり、感じるままを素直に表出しないほうがよい、このやっかいな怒りという感情が湧き出てくることすらないのですから。

しかし、私たちが目指すべきなのは、怒らない人になることでは決してありません。落ち着いて考えてみれば、怒らない人などいないからです。自分の周囲を見渡したところで、そんな人は存在しないことでしょう。少なくとも、私の周りにはいません。

怒らない人を想像してみると、多くは実際の人物ではなく、ブッダやイエス・キリストのような悟りを開いた人物を考えるのではないでしょうか。「右の頬をぶたれたら、左の頬を差し出しなさい」のような、仏か神の次元です。そのような尊い人になるためのノウハウは、私にはとても提供できそうにありません。

人々から少しずつ余裕が失われていくストレス社会に身を置きながら、そうであっても毎日を「よりよく生きたい」と願う人のために、私は本書を書いています。悟りを開くための技術はここにはありません。

現実生活を生きる私たちが目指すのは、悟りの境地ではなく、怒ることはあっても、それを上手にコントロールできる人物ではないでしょうか。

怒りは人間が持つ自然な感情の一つです。くり返しますが、怒りを感じること自体は決して悪いことではありません。

もし怒りを過度に抑え込んでいたり、湧き上がる怒りという感情を自覚できなかったりする人がいる場合、精神科医の目からすれば、そちらのほうが精神的に不健康なにおいがします。無理に感情を抑え込み続けたり、自分の胸中に湧き出てくる怒りを無視し続けたりすることは、心身の健康によくありません。精神的な病気になることもあります。

本書は、怒りを過度に抑圧したり、自らの自然な感情を無視したりすることが目標ではありません。そのことを、あえて追記しておきたいと思います。喜怒哀楽に代表されるように、怒りは私たちが感じる自然なものの一つなのです。

しかし、喜び、驚き、楽しみ、おそれ、嫌悪、悲しみなどといった感情と、怒りは決定的に異なる性質を持っています。賢明な読者ならば、すでにお気づきかもしれませんが、怒りは社会的な危険性を持っているのです。

くり返し述べてきたように、私たちが感じるままに怒りを表現すれば、ときとして災いを招く危険性があります。そのため、怒りをしっかりコントロールする必要があるのです。

怒りの危険性を知る実験

怒りを表すことには、常に危険を伴います。

こうお話しすると、「そんなことはないさ。怒ったほうが精神的にもスッキリするし、相手にぶつけることでうまくいくこともけっこうあるんだ」「ときには、怒ってビシッとしたところを見せないと他人からなめられる」という声も聞こえてきそうです。

怒りを表すことに、一定のメリットがあると考え、そのように振る舞う人も中にはいるでしょう。

しかし、本当にそうなのでしょうか？

このように考える人は、自分の怒りで他人をマネジメントすることができるという考え方を持っています。

ここで、一つの実験をしてみましょう。今後、怒りのコントロールに対する動機づけを高めるためにも、本をいったん置いて、トライしてください。簡単な方法なのですぐに実行できます。

まず、鏡の前に移動してください。洗面台の前でもいいし、手鏡を用意してもいいでしょう。そこで、自分で考えられる限りの怒りを顔で表現してください。眉間のシワを深くし、鼻を膨らませ、眼光鋭く自分をにらみつけるのです。

怒りの表情が、不思議と過去の怒りを表した出来事を思い出させませんか。そのイメージも利用して、気分をさらに盛り上げていきましょう。拳を握り、あなたが怒りを感じた記憶の中の相手に、思い切り悪態をつくのです。目の前に実際の相手がいるわけではないので、いいたい放題いってみましょう。

「テメー、こら！　俺を怒らせんなよ！」「この大バカ野郎、ただじゃおかねーぞ！」「二度とそんな口がきけないようにしてやる！」

そうそう、そんな調子です。毒づいていると、気持ちも次第に盛り上がります。つい先ほどまで普通に本を読んでいたのに、数分間、怒った顔で乱暴な台詞《せりふ》を吐けば、実際にイライラ、ムカムカとした不快な気分になるのです。

これとは逆に、作為的に大きな声を立てて笑ってみると、過去の笑いの体験が思い出されて、自然と愉快な楽しい気分になっていきます。私たちの感情とは、このように不思議なものです。

話が少し脱線しました。本筋に戻しましょう。ここからが、怒りの危険性を知る実験の最大のポイントです。ありったけの怒りの表情で、そのエネルギーを全身にまとったまま、他人の前へ出てください。

職場であれば、上司の席まで行きましょう。上司は怪訝《けげん》そうにあなたの顔をのぞき込むに違いありません。コンビニに出かければ、店員はまゆをひそめることでしょう。新宿や池袋などの盛り場で、文字通り、肩を怒らせ闊歩《かっぽ》するのもいいでしょう。おすすめはしませんが、交番の前をうろうろしてみても、実験的にはわかりやすい結果が得られると思います。

ここまで読めば、私の意図をわかっていただけるのではないでしょうか。

わざわざ怒った顔で街を歩いたり、仕事をしたりする人は普通いません。もし、そんなことをすれば、自らトラブルを作りだすだけなのはわかりきっているからです。

怒りは、顔に出したり、雰囲気を醸しだしたりするだけでも、危険なことだとわかっていただけたのではないでしょうか。

人生に無駄な時間はない

怒りをコントロールし、表に出さないことで、危険は回避されます。それだけでも、大きなメリットです。

怒りを感じたまま、それを垂れ流しにすれば、貴重で限りある自らのエネルギーと時間を多大に浪費します。心の安寧も得られないために、ヘトヘトに疲れます。また、怒っているその時間からは、何も生み出しません。

怒りのコントロールは、自らのエネルギーと時間に余裕を生み出します。その余裕が有益なことを生み出す可能性を高めるのです。生涯を通し、生産性は確実に高まります。

エネルギーも時間も有限な人生において、その使い道をよく考えることは重要です。怒りは、感情を独占し、人生をネガティブな方向へ振り回します。これは、だれもが経験したことがあるでしょう。

幸いにして、他人に怒りをぶつけなかったとしても、気持ちの切り替えがスムーズにできません。「いかに相手に非があるか」「どれだけ自分は正当か」といった思いで頭の中が占拠され、そのことばかりを何度も反芻《はんすう》してしまいがちです。気がつけば、多くの時間をそのことに費やしてしまうでしょう。

先にも述べましたが、怒りは過渡的な状況です。どれだけ多くの時間を費やそうと、結局は気持ちを切り替え、冷静な状態で向き合うしかないのです。「怒りに振り回されている状態」は、時間の無駄なのです。

逆の見方をすれば、人生で楽しく充実した時間を1分でも多く過ごせることが、「よりよい人生を過ごす」という、私たちの願いをかなえることになります。人生に無駄にしていい時間など、だれにもないほうがよいでしょう。

そう、怒りはコントロールすべき感情です。しかし、怒りのコントロールに主体的に取り組まないことを宣言する人もいます。

「怒りをコントロールしたほうがいいなんて、そんなことは本を読まなくても当たり前でしょう。でも、無理！　生まれつき気性が激しいんだ。自分を変えるなんてどうせできやしない。もう、放っておいてくれ！」

極端なケースを書きましたが、これも一つの選択肢です。「理解しているが、行動はしない」という選択です。

「怒りは自然な感情なんだから、けっこうなことじゃないか。喜ぶとか、悲しむとかと同じだろう。無理に我慢するよりも、感じるままに表すほうがナチュラルでいいよ……。怒りはもともと人間に備わったもの。怒りすぎなければいいでしょう」

このような意見も、決して少なくはないと思います。もちろん、これも考え方の一つですし、一つの選択肢です。「怒りをコントロールする必要性を理解もしないし、行動もしない」ということです。

さて、私はここで、「選択」もしくは「選択肢」という言葉を反復して用いました。反復は、強調を意図します。ではなぜ、私はここでそうした単語を強調したのでしょう。

それは、これらの行動を選択できるのは、ほかのだれでもなく、あなた自身しかいないということを明確に認識してほしいからです。

怒りのコントロールは人生のコントロール

私たちは、日々の生活であらゆる感情を抱きます。そして、その感情の影響を受けながら思考し、行動しています。

ここで、意識したいのは、そのような感情、思考、行動などは、一つ残らず自分自身が選択したものということです。感情に振り回されて行動し、それが思いがけず、よくない結果を招いたとしても、その責任はすべて自分にあります。

「自分でも何が何だかわからないうちに、ついやってしまった」「ムシャクシャしてやった。今になれば自分でも、なぜそんなことをしたのかわからない」「怒りで頭が真っ白になってしまい、よく覚えていない」

……などといって、自らの行動を、自らの感情のせいにして開き直っても、当然負うべき責任は自分自身にあるのです。

「状況を覚えていないほどの怒りだったのだから、あなたに責任はない」「自然に湧き上がった感情のせいだからしょうがない」などと、だれもいってはくれないし、慰めてくれることもありません。

「いい大人が自分の感情もコントロールできないなんて、情けなくないの？」

こんな自省を促す言葉をかけてもらえれば、まだありがたいほうではないでしょうか。通常は、自らの感情をコントロールできない人と接したくない、かかわることも避けたい、と考える人がほとんどでしょう。表面的につき合うことがあっても、実際は存在自体を無視されてしまいます。

しかし、それはあなた自身が選択した結果なのです。

私たちは、取り立ててイベントのないルーティンな毎日を送るだけでも、刻々とさまざまな感情のはざまで揺らぎます。そのような多種の感情の一つひとつをコントロールすることは、感情に影響される行動をコントロールすることにもつながります。

毎日は、感情と行動のコントロールの積み重ねです。この積み重ねを人生と呼ぶのであれば、感情をコントロールすることは、すなわち人生をコントロールすることにもつながるのです。

自分の行動の選択は、自分で自覚と責任を持って決めるしかありません。仮に、「怒りをコントロールしていく」と決めたとしても、「やはり自分には無理だ」という考えが脳裏をかすめることは、これからも頻繁にあるでしょう。

「やはり自分には無理だ」と思うたびに、「怒りをコントロールするのか？　人生を自分の力でコントロールするのか？」と、反復して自分に問いかけるしかないのです。

「これからも、自分は怒りをコントロールしていく！」と、力強く宣言しながら、怒りのコントロールに取り組んでいきましょう。

このように誓いを立てることは、「怒りをコントロールできないのではないか」という未来の自分への「おそれ」を手放すことにもつながります。また、怒りのコントロールがうまくできなかった過去の自分を「ゆるす」ことにも通じていきます。

つまり、動機づけをくり返し、その行為によっても、私たちが本来求めている「安らいだ心」を得ることができるのです。希望を胸に、今に集中して、怒りのコントロールに継続的に取り組んでいきましょう。

第3章

四つの視点から怒りを知る

怒りとはなんだろうか?

怒りのコントロールに継続的に取り組むためには、怒り自体の性質をよく理解する必要があります。スポーツはもちろん、また将棋や囲碁、チェスなどの対戦型のゲームでも、攻略しようとする相手をよく知っているほうが、戦略的に対策を練ることができます。怒りも、これらと同様です。

怒りは、自分の外部に存在する敵ではありません。怒りについて知ることはまた、自分を知ることでもあるのです。攻略する側も自分なら、その対象も自分自身の一部分なのです。

ただし、この場合でも、「怒り」に関する知識量の多いほうが、効率的に、そして必要に応じて、さまざまな工夫や修正を加えながら対応していくことが可能です。さらには、「怒りのコントロール」を直感的に行うだけにとどまらず、他者へも説明可能な論理的なものを身につけられるでしょう。

そうなれば、怒りをうまくコントロールできないことが続いたときでさえも、別の対応策について、理屈を考えながら取り入れることができます。

そもそも、怒りとはなんでしょうか？　あなたは、他人に怒りを説明できますか？　怒りの特徴はなんでしょうか？

イメージ的な理解に留《とど》まることなく、言葉で説明することに重きを置いて、改めて怒りというものを捉え直していきましょう。

健康な人はだれしも怒る

怒りの説明としてまず思いつくのは、驚き、喜び、おそれ、嫌悪、悲しみ、楽しさ、不安などといった私たちのだれもが抱く感情の一つだということです。感情は、健康な人であればだれもが同じように抱くものです。

「彼は何があっても落ち着いていて、うらやましい」「彼女はいつも穏やかで、怒った顔など見たことがない。ああいう性格がうらやましい」

こんな声を聞くことがあります。私自身も、「穏やかに振る舞える人」や「怒りを表に出さない人」を羨望のまなざしで見つめることがよくあります。

しかし、彼ら・彼女らが、本当に「何があっても怒らないのか」というと決してそうではありません。表向き落ち着いていて、だれにも怒った顔を見せたことがないと思われている人も、腸《はらわた》が煮えくり返るような思いを経験しているはずです。

いつでも穏やかに振る舞っていると評判の人と、怒りっぽいと陰口を叩《たた》かれる人との違いの一つは、怒りを外側に頻繁に表すかどうかにあります。ただ、その違いは決定的に大きなものであり、そのために私たちは、穏やかに振る舞う人物になりたいと願うのです。

ところで、「だれしも怒りを感じるが、外側に出すかどうかが違いとなる」とどうしていい切れるのかと、小首をかしげる人がいるかもしれません。なぜこのように断言できるかといえば、怒りはだれもが抱く感情の一つであるという事実に帰り着くからです。

また、怒りとは、脳神経の活動としてもたらされる自分自身のさまざまな心の動きの中の一つです。他者が意図してあなたへ向かって伝播《でんぱ》させたり、カゼやインフルエンザのように他者から感染したりすることはありません。

これは、だれもが当然、知っています。しかし、実際に怒りの感情が生じ、その激情があふれ出そうになっているときほど、その原因を他者に求めます。

実際には、ある事柄を認識したとき、それに何らかの意味づけを行い、自らが意識できないほどの短時間で、「どの感情を抱くのか」を、自分自身で選択しているのです。今一度、この事実をかみしめておきましょう。

四つの視点から怒りを理解する

怒りは、私たちにとって基本的な感情の一つです。日常的にごく身近にある、ありふれた感情といっていいでしょう。そのため、怒りの輪郭を直感的に理解することができますが、体系的に説明することはなかなかできません。

そもそも、怒りについて興味はあっても、掘り下げて考えるということ自体、普通はないといっていいでしょう。ここでは少しだけ掘り下げて、怒りに関する知識を整理してみたいと思います。

体系的に怒りを理解していこうとするとき、「四つの視点」から考えることでその全体像が捉えやすくなります。

本書を書くに当たってたいへん参考にさせていただいた『怒りの心理学　怒りとうまくつきあうための理論と方法』（有斐閣《ゆうひかく》）によれば、このように記されています。

「感情はいくつかの面からなる多層的な構造をもっています。怒りも同じく、大きく4つの層＝視点から理解することができます。（中略）それは、認知、生理、進化、社会、の4つの視点です」

この四つの視点を手がかりにして、怒りについての整理を進めてみましょう。

四つの視点①　思い込みの視点

怒りは、人間だけが持つ特権的な感情ではありません。動物も怒ります。動物は攻撃を受けて生命的な危機に直面した際に、ときとして怒り、闘争する構えを示します。

「ときとして」というのは、戦っても勝ち目がない場合には、闘争自体が生命的な危機につながりますから、その場合に動物は逃走を選択するのです。

たとえば、犬に吠《ほ》えられた猫は、胃腸の運動が止まり、消化液の分泌《ぶんぴつ》が減少し、心拍数と血圧が上昇し、血糖値が上がり瞳孔《どうこう》が開きます。これらの反応は、闘争、あるいは逃走に有利な反応であり、緊急反応、あるいは危急反応、もしくは「闘争―逃走反応」（以下、「闘争か逃走反応」とする）と呼ばれています。

どちらの行動も選択しやすくする準備状態です。これは、1920年代にウォルター・キャノンというアメリカの生理学者が説明している反応です。

ちなみに、キャノンは「ストレス」という言葉を医学に持ち込んだことでも知られています。恐怖や緊張を含むいわゆるストレス刺激（恐怖や緊張以外のストレス刺激には、寒冷、運動、出血、低酸素、低血糖などがあります）を受けた際の反応の中心に、意思とは無関係に体を支配する自律神経《じりつしんけい》の一つである交感神経《こうかんしんけい》の活性化に注目しました。交感神経の活性化の結果、上記したような胃腸の運動が止まったり、もしくは心拍数や血圧が上昇したり、血糖が上がったりする反応が高まるというわけです。

ただし、人間はほかの動物とは違い、命の危険が迫っていなくても心理的なストレス刺激を感じると準備状態となりますし、怒りを覚えます。たとえば、こんなふうに。

「あいつの口の利き方が気に入らない。いつも、ああいういい方で、俺を怒らせるんだ」「君ねえ！　何度いったらわかるんだ。ボヤボヤ、モサモサとのんびり仕事をするもんじゃない。てきぱきしてくれないと困るじゃないか。それとも、私に何か嫌がらせをしたくてそんなふうにしているのか?」「ねえ、見た? 課長のあの顔。本当にだらしないわよねえ。見ているだけでムカつく!」

上記のような言葉が口をついて出るとき、その背景にある状況を想像してみても、いずれも生命的な危険をもたらすレベルの話ではないはずです。それにもかかわらず私たち人間は、さまざまな意味づけをし、意味づけの結果、心理的なストレス刺激であると捉えて怒りを抱く、いや怒ることを選択するわけです。

「あいつの〇〇が俺を怒らせる」というふうに、私たちは考えることがあります。また、「俺が怒るのは、あいつが〇〇であるためだ」というように、他者が怒りをもたらすかのような解釈をし、自らを納得させます。怒るという自ら選択した行動に理由をつけて、自己を正当化させるのです。

このようなときに、先に述べた「怒りは他者が広めるものではない」という事実をしっかり再認識する必要性があります。理由づけを行う思考の流れを、もう少し分解してみましょう。

「あいつの〇〇は悪い。俺は正しい。正しい俺は悪いことに対して怒る」

最初はこのような理屈です。「あいつの〇〇は悪い」というのが、あなたなりの意味づけです。この意味づけについて、「認知的（思い込み）」の視点で考えていきましょう。「○○」の部分に、具体的な言葉を入れてこのケースについて探ってみます。

「仕事の速度が遅い。適当な速度でないことは、けしからんことだ。けしからんことによって、いたずらに私は気分を害されている」

「職場では、しっかりした顔つきや振る舞いをするのが常識だ。この常識に反してだらしない表情をしている課長に対して、私は怒りを覚える」

この二つのケースから考えると、怒りは、「一般的によくないことや、（ある人にとって）非常識な事柄や人のために、実害や心理的な被害を受けたと感じられるときに生じる感情」と、捉えることができそうです。

ここで、ある人にとって「被害を受けた」と感じるかどうかは、その人の「おそれ」や「ゆるす」ことに対する構えが影響してきます。

他人と接触するときに、「他人によって不愉快な目に合わされるのではないか？」「不快な気分にさせられるのではないか？」「嫌がらせされるのではないか？」という具合に、おそれを抱いている傾向が強い人ほど、他人の振る舞いをストレス刺激として受け止めて、先に述べた準備状態になりやすいでしょう。

また、この場合被害を被った（と本人が捉えている）、その対象をゆるせないでいると、いつまでも準備状態は続き、「闘争か逃走」のうち闘争、つまり怒りを選択してしまう可能性は高まります。

おそれず、ゆるすことを選択していくことは、怒りをコントロールしていくうえで忘れてはならないポイントであるのです。

この私たちそれぞれの「思い込み」は、どうして怒りが発生するのかを理解するうえで重要です。そのため、もう少し詳しく説明していきたいと思います。

思い込みの視点（A）　あなたは必ず正しいわけではない

そもそも、「自分は正しい」という前提こそが、一方的な思い込みです。そのような視点で物事を捉えていると、「一般的によくない」とか、「非常識だ」とかと単純に受け止める機会が多くなります。そのため、怒りを感じやすくなるといえるでしょう。

実際には、怒りを抱く前提条件ともいえる、「自分なりの捉え方が常に正しい」とは限らないのです。いい方を変えれば、立場の数だけ正義は存在するのです。

たとえばあなたが、「あいつは、口の利き方が悪い！」と考えて怒るとしましょう。まさにそのとき、怒りをコントロールすることを決めたあなたは、ここで一度立ち止まり、これまでよりも一歩踏み込んで考える必要があります。怒りを表現する前に、こう自問するのです。

「あいつの口の利き方は、果たして万人を怒らせているのか？」

もちろん、その可能性はゼロではありません。現実的には、単なる可能性にすぎないでしょう。実際には、あなたの怒りの対象となっている人物の口の利き方、つまり口調や表情、話をするテンポが好きだという人もいるはずです。もしかすると、その人の話し方は、あなたのそれよりも異性に人気があるかもしれません。

そんなときには、あなたは「なんであいつのほうが人気があるんだ！」と、逆上するでしょうか。そんなことをいっても冷笑されるだけだと、あなただって知っています。

怒りのコントロールのためには、怒る前に、その都度自分に問うべきなのです。

思い込みの視点（B）　良《よ》し悪《あ》しの判断をやめる

私たちの捉え方には、それぞれ癖があります。

ただ、知らず知らずのうちに、「自分の考え方や感じ方は、世間において一般的で常識的だ」というふうに考えがちです。自分を基準にしてしまうわけですが、そういう考え方に偏っていると、客観的な視点を失いがちになります。そのために、として、些細《ささい》な違いを目にするだけでも怒りやすくなるでしょう。そのための結果「のんびり仕事をするな！　もっと早くしろ！」「なんでミスするんだ！」「俺はもっと仕事も早いし、ミスもないぞ！」などとイライラしてしまうのです。

実は、こういう傾向の強い人と、私もいっしょに仕事をした経験があります。私がある病院で研修中だった当時のことです。1年年長の先輩医師が、私の指導役につきました。彼は私と顔を合わせるたびに、こんなふうに怒鳴っていました。

「のんびりするなよ！」「遅《お》せえよ！　質問したらすぐに答えろよ！」「何、いつ見てもボサッと遊んでいるんだよ！」

これは、オフのときも同様です。誘われていっしょに食事に出かけても、「早く注文しろよ！」「遅いよ！　とっとと食えよ！」「おい、もっと早く飲み干せよ！」といった具合です。私は何をしても怒鳴られました。

もしかしたら、彼にとって、私はよほど嫌いな存在だったのかもしれません。

残念ながら、私の中にはありがたくご指導いただいたという記憶は残っていません。理由もわからないまま、ひたすら怒られ続けた思い出しかないのです。

彼はとても仕事熱心で、客観的に医師としての能力も高かったと思います。しかし、私以外のスタッフへの接し方も同様で、基本的に怒りをぶつけるというスタイルでした。そのため、周囲からの評価は必ずしも高くはなく、彼の実力を正当に反映しているものではありませんでした。

つまり、怒りが良好な対人関係を築くうえでも支障になっていたのです。これは怒りによるデメリットでしょう。怒ってもメリットがないという一例だと思われます。

思い込みの視点（C）　予定が狂っても慌てない

なぜ先の先輩医師は、私に対してあれほど怒り続けたのでしょうか。相性が合わないということ以外に要因はなかったのかということについて、私は振り返って考えてみました。

私なりの結論からいうと、「自分の予測や期待との違いがゆるせない」という彼独自の物事の捉え方が、怒りに多分に影響していたのではないかと思われます。

私たちは、予測や期待といった自分なりの予定が狂ってしまうと混乱します。混乱すると、それは心理的なストレス刺激であるわけですから、その反応として「闘争か逃走」を選択する準備状態になります。

そして、自分を困らせている対象をゆるせずにいると、闘争、つまり怒りを選択します。その結果、湧き出る激情に呑み込まれてしまうのです。先輩医師であった彼も、予定が狂い、混乱した結果、怒り続けたのかもしれません。

このように、予定が狂うことで混乱し、その結果、怒るという人を見ることは日常的にも結構あります。少し前に、ホームで駅員にものすごい剣幕で詰め寄っている女性を見かけました。

「なんで？　なんで、電車が遅延しているの？　一体、どうなっているの！　車両トラブル？　毎回、毎回そんなことばかりで、一体、おたくたちはどういうつもりなの！　どうしてくれるのよ、大事な約束に遅れちゃうじゃないの。ねえ、どうしてくれるんですか！」

予定が狂ってしまったことにより、女性は軽いパニックを起こしているようでした。彼女なりに大事な予定があったのでしょうから、とても困っている状況でもあります。

この女性ほどではなくても、こうした不測の事態に出遭ったときには、ついイライラして腕時計を何度も見たり、舌打ちしたりすることは、だれしもあります。ただ一方で、そのとき、携帯電話で穏やかな口調で連絡をしている声も聞こえてきました。

「そうなんです。今、○○駅ですが、トラブルがあったようで電車が遅延しています。そのため、おそらく20分程度遅れると思います。またご連絡しますが、そちらさまへ支障がでるようでしたら、改めて予定を組み直すということでご相談させていただければと思います。恐縮ですが、よろしくお願いいたします。はい、すみません……」

こちらも、先の女性と同様に、不測の事態で困っています。しかし、そのことで混乱したり、感情的に流されることなく、淡々と今、自分の力でできることにだけ意識を集中させています。「困った！」というパニックに相手を巻き込むことなく対処している様子は、関係のないこちらの心まで落ち着かせます。

このように、予定が狂うと、実害を被ったというふうに認識し、準備状態になりがちです。その結果、怒りを選択すると、混乱している分、噴き出す怒りに自分が呑み込まれてしまう危険性があるのです。

以上、見てきたように、私たちはそれぞれ捉え方の癖を持っています。捉え方の癖をもとに思い込みを抱き、さまざまな感情を持つに至ります。

怒りも、思い込みによって生じる感情の一つです。この理解が、今後、怒りをコントロールしていくときに役立つことでしょう。

四つの視点② 生理的な視点

怒りは、体内にどのような変化をもたらすのでしょうか。

体内は、自律神経の働きによって、意思とは無関係に制御されています。自律神経には、主に緊張時に活性化される交感神経と、リラックスしたときに活性化される副交感神経《ふくこうかんしんけい》の二つの神経があります。

怒りが生じるのは、命が危機にさらされるような緊急事態のときです。当然、交感神経の活動が高まります。それによって、多種のホルモンを分泌する内分泌器の一つである副腎髄質《ふくじんずいしつ》からアドレナリンの分泌が増加して、その結果、心拍数や血圧が上昇し、また呼吸数の増加、消化活動の抑制、骨格筋（骨格の可動部分に付いている筋肉）への血流の増大、散瞳《さんどう》（瞳孔の過度な拡大）、立毛や発汗が起こるのです。

先に、緊急時には、「闘争か逃走反応」が起こるとも述べました。交感神経系の活動の活発化により準備状態となり、闘うにせよ、逃げるにせよ、すぐに反応できるようになるのです。

この準備状態が頻繁にくり返されたり、長く持続したりすると、体には過度な負荷がかかります。血圧は高く、心拍数も上昇したまま、荒く速い呼吸がくり返されたり、継続したりするからです。

怒りと体の健康にかんする研究で最も多いのが、心臓病、特に心筋梗塞《しんきんこうそく》（心臓の血管が詰まって起こる病気）や狭心症《きょうしんしょう》（心臓の血管が狭くなって起こる病気）など、虚血性心疾患《きょけつせいしんしっかん》についてのものです。

これらの研究の中には、たとえば高血圧を伴う心臓病の患者さんには、怒りを頻繁に感じやすい性格や怒りだしやすい傾向があるという報告もあります。研究全体を見渡せば、怒りと心臓病との関連性はあるとする報告が多いようです。まだ研究の途上ですが、現時点で関連性を否定できません。

健康を向上させるという観点からも、怒りのコントロールは必要のようです。こうした報告からも、怒りをコントロールするといった動機をさらに高めるべきでしょう。

先に、自律神経は、意思とは無関係に制御されると書きました。しかし、そんな自律神経にも能動的に介入していく経路は一つだけあるのです。それは「呼吸」です。

私たちは、緊張しているときに、無意識に深呼吸をしています。この深呼吸は、緊張から気持ちを鎮めるために、体が要請して起こる現象です。

深呼吸を行うと、増加していた呼吸数が必然的に減少していきます。呼吸数をへらすように努めると、交感神経の興奮が鎮まり、副交感神経の活動が活発化します。つまり、怒ったときの自律神経の反応と逆方向にフィードバックがかかるのです。

このような体の生理的な反応を理解しておくと、今後の怒りのコントロールの際に、そのメカニズムを頭の中で確認しながら進めていけるためにより効果的です。

四つの視点③　進化的な視点

怒りとは、そもそもまったくの無用物なのでしょうか。怒りという感情が、私たち人間に備わっているのはどうしてなのでしょうか。

これは、先に紹介した『怒りの心理学』にあった問題提起です。もう少し難しくいえば、「生物は、進化の過程で、自然淘汰《しぜんとうた》上の有利さを高めていきます。もしその通りであれば、怒りという感情を備えていることで高まる生存上の適応的な機能があるのではないか。それは、果たしてなんなのか？」ということになるでしょう。興味深い視点です。

人類が誕生してから長い年月をかけて、私たちはさまざまな変化を遂げて現在に至っています。この長い歴史の間に、生存するうえで怒りが不要、もしくは適応的でないものであれば、進化の過程で消失しても不思議ではありません。逆にいえば、怒りは、人間に必要な機能だからこそ、生き延びたともいえます。

この視点で考えてみると、現代人にとって、怒りは心理的、または社会的なさまざまな侵害に対する防衛のために必要なのではないでしょうか。

たとえば、ある日勤めている会社の社長から突然、呼び出され、こんなふうに怒鳴られたとします。

「お前、全然使えないなあ。今のままだとクビだぞ！」

このような場合、相当の衝撃を受けますから、心理的侵害を受けたといえます。

また、本当に解雇されれば、通常は明日からの生活にも困る状況が発生します。社会的にも侵害を受けたといえるでしょう。このようなときに、

「ふざけるな！　いい仕事をして、絶対に見返してやる！」

といった怒り感情を持ちつつ、この怒りをバネに努力を積み重ねたとします。その結果、仕事ができるようになったとすれば、侵害に対する防衛を果たせたということになるでしょう。

このようなケースを考えたときには、怒りは私たち人間に必要性を見出《みいだ》すことができます。

四つの視点④　社会的な視点

「人間は社会的（ポリス的）動物である」と、古代ギリシア時代の哲学者アリストテレスは述べたといいます。この言葉の解釈には諸説ありますが、人間は社会の中で育ち、社会を形作り、社会の中で生きるという意味が含まれます。そこに、社会の規範や秩序が形成されていくことになりますが、怒りを社会的な視点から捉えるときには、これが重要なポイントとなります。

思い込みの視点の項でも述べましたが、怒りというのは、「一般的によくない

ことや、（ある人にとって）非常識な事柄や人のために、実害や心理的な被害を受けたと感じられるときに生じる感情」と捉えることができます。

ここで、「一般的によくない」とか「非常識」という意味づけは、社会的規則や社会的文脈に基づいてなされています。

たとえば、バスや電車などの公共交通機関を利用する場合、日本では乗り込む前に整然と列を成して待っています。もし列にいきなり割り込む人がいたら、並んでいる人はその人物に対してムッとすることでしょう。

それは、「一般的によくない」「非常識」な行動であるというふうに、その行為を認識するからです。日本における社会的文脈では、「そりゃあ、怒るよね」と捉えられるでしょう。

しかし、列を作って先頭から乗り込むという文化がない国で、これと同じことが起こったとしたらどうでしょうか。「勝手に何をプリプリしているの？」と思われるかもしれません。

また同じ国で、バスに乗ろうとしている人々を蹴散らしながら割り込んでくる、数人の少年がいたらどうでしょうか。しかも彼らは、子どもや老人、妊娠中の女性であってもおかまいなしに突き飛ばしたとします。車内でも恫喝《どうかつ》して座席を奪い取り、大声でしゃべり、鼻歌を歌い続けました。

日本との文化の違いを超え、その場に居合わせた人は間違いなく怒るでしょう。怒りをもとに、何らかの手段で彼らの行動を改めさせようとするはずです。そうしないと、社会秩序が崩壊してしまうからです。

このような視点から捉えれば、怒りは社会秩序の調整・維持に役立つものであるということができるでしょう。

怒りを定義する

『怒りの心理学』では、怒りを次のように定義しています。

「怒りとは自己もしくは社会への、不当なもしくは故意による（と認知される）、物理的もしくは心理的な侵害に対する、自己防衛もしくは社会維持のために喚起された、心身の準備状態」

本書では、個人の実践的なコントロール方法についてテーマを絞っています。

そのため、先の本を引用しつつ、本書で怒りを定義するとしたら、以下のようになります。

「怒りとは自己への、不当なもしくは故意による（と認知される）、物理的もしくは心理的な侵害に対する、自己防衛のために喚起された、心身の準備状態」

以上、四つの視点を手がかりに、私たちは怒りについての知識を整理してきました。また、定義づけを行うことで、怒りについて輪郭が明確になったようです。怒りに関するさまざまな知識は、怒りのコントロールに必ず役立ちます。また、怒りのコントロールを論理的に行う際には、その基礎となることでしょう。怒りのコントロールに自信がなくなったとき、また、これから何を行えばいいのかなど、迷いが生じたときには、再度、本章に戻って知識を整理してください。

第4章

怒りを外側に出す人と抑える人

怒りはひたすら抑えるべきか?

怒りのコントロールとは、感情をひたすら抑え込むことではありません。

怒りのコントロールと聞くと、顔を真っ赤にしながら、口を真一文字に結び、握りしめた両手をプルプルと震わせながらも、なんとか平静を装っているイメージを持つ人がいるかもしれません。

また、怒りで声が震えつつも作り笑いを浮かべ、あえて話題を変えて雑談しようとする人物を思い浮かべる人もいるでしょう。

人によっては、怒った瞬間から相手と視線を合わせず、黙り込んでしまった過去の自分を思い出すこともあるかもしれません。

これらのイメージに共通するのは、「抑えている」姿です。プルプルと震える両手は、拳を振り上げそうになる衝動を抑えているのかもしれません。作り笑いを浮かべるのは、不快な表情を出さないよう抑えているからです。視線を合わせずにいるのは、ギラついた鋭い視線を悟られないためかもしれません。

しかし、ここで抑えているのは、怒りではなく、実は「攻撃」なのです。

「怒りのコントロール」と聞いて私たちが連想するのは、攻撃を抑える状態であることがとても多いものです。というのも、怒りで特に問題となるのは、暴力（身体的攻撃）であり、暴言（心理的攻撃）だからです。

怒りのコントロールについて語るときには、「攻撃の抑制」がメインテーマとなることは少なくありません。

思い出してみれば、子どものころ、かんしゃくを起こしたときには、「叩《たた》いちゃだめ！」「わめかないで！」「そんな乱暴な言葉を遣っちゃだめでしょう！」といった具合に躾《しつ》けられました。幼いころから、何があっても暴力や暴言は絶対にしてはいけないことを教え込まれてきたのです。

このような教育の背景には、暴力はいかなる理由があっても許されないという、文明化された社会に共通した規範が背景にあります。また日本では、暴力や暴言といった激しい攻撃行動でなくとも、怒りを表すこと自体をよしとしない社会的・文化的な側面が大きく影響していると考えられます。

さらには、怒りは攻撃的なものと捉えられやすく、人間関係を壊すなど、対人関係を考えるうえで否定的な結果を導く可能性も高くなります。よって、「怒りを表すのはいけないこと」「怒りは抑えるもの」というふうに、一般的には考えられています。

そのため、冒頭に述べたような「抑え込んでいる」状態を連想することが多くなるのです。しかし、攻撃を抑えることは怒りのコントロールの一部ではありますが、そのすべてではありません。まず、そのことを私たちは押さえておきたいものです。

怒りにはよい側面もある

怒りは、一般的には否定的に論じられます。しかし、怒りには肯定的な側面はないのでしょうか。

ここで、あなたの個人的な経験について思い返してみてください。会社や学校では怒りをグッと抑えていたとしても、親や兄弟姉妹といった家族、妻や夫、恋人、親友に対して怒ったことはないでしょうか。

ほとんどの人はあるのだと思います。八つ当たりやけんか、口論をしたことが、何度となくあるはずです。そのような怒りは、否定的な結果ばかりを生んだでしょうか。きっと、そんなことはなかったはずです。

テレビドラマなどでも、恋人や親しい友だちどうしがお互いに激しく責め合ったあと、最後には冷静になって理解を深めるといった状況を描写したシーンを観《み》ることがあります。たとえば、向田邦子《むこうだくにこ》さんなどが描く昭和のホームドラマでは、こんなシーンをよく観ました。

「バカモーン！」と父親が一喝したあと、息子に説教を始めます。最初はそっぽを向いて突っ張っていた息子も、父親の息子を思う真摯な話を聞いて胸を突かれます。それまでは穏やかに見つめていた母親が、「父さんは、普段は口にしないけど、あなたのことを思っているのよ……」などと優しく諭し始めると、「そんなに俺のことを考えてくれていたなんて……。すまなかった、いや、ありがとう！」と涙ながらに頭を下げ、家族にはそれまで以上に強い絆《きずな》が生まれます。

視聴者は共感し、ときにはもらい泣きをすることもあるでしょう。逆にシニカルな視線を注ぎつつ、「現実はドラマみたいにうまくはいかないけどなあ……」と苦笑しながら、過去の似たような自分の経験を思い出す人もいるでしょう。

心理学の論文でも、適切な怒りが、他者との間に共感や相互理解をもたらし、対人間の信頼や親密さを増す働きがあるとするものがあります。また、親しい人に対し、「理性的説得」という形で怒りを表すことは、相互理解を得られ、建設的な関係を築くことが期待できるという、怒りがよりよい方向へ働くという報告もみられます。

以上のように、怒りは攻撃行動ばかりではありません。また、怒りは抑え込むばかりではなく、適切に表すことで対人関係によい影響をもたらす可能性も大いにあるのです。

さらに考えを進めると、私たちは怒りを表す方法を、相手の社会的な文脈や性差も念頭に考える必要があるようです。つまり、相手が会社の上司なのか、もしくは家族なのかによって、怒るかどうかを決定します。相手が自分より年長か年少かによっても同様ですし、親密度によっても違ってきます。

また日本では、女性のほうが男性よりも怒りを抑えるべきだと、一般的に期待されます。つまり、社会的には性差による違いもありそうです。

私たちの目指す「怒りのコントロール」では、やみくもに、怒りを抑えることだけを意識しません。状況次第で判断し、これまでよりもよりよい関係を築きたい相手に対しては、適切で効果的な方法で怒りを表してもいいと考えます。

ただし、怒りを外側に表すことには、常にリスクがつきまとうことを忘れずにいましょう。

怒り・敵意・攻撃行動

怒りのコントロールの具体的な方法を考える際、「ＡＨＡ症候群」という仮説が参考になります。ここでは、この仮説を紹介しましょう。

人間の怒りは、情動反応として「怒り」（Anger）、人格特性としての「敵意」（Hostility）、そして「攻撃行動」（Aggression）の三つが複合的に生起するシンドロームであるという心理学での仮説があります。それがＡＨＡ症候群と呼ばれているものです。

１９８０年代にアメリカの心理学者スピルバーガーらが、「怒りの主観的側面と行動的側面のほかに、人格的側面としての敵意を含めて、一つの症候群としての怒りの行動が心身の健康に及ぼす影響」を明らかにするために提唱した仮説です。

ちなみに、文献によっては「ＡＨＡ！症候群」というように「！」を付けて記載していますが、意味するところは同じです。

まずＡＨＡ症候群の頭文字であるＡですが、これは情動反応である怒りの生じやすさ、つまり短気かどうかを意味しています。次のHは、性格・人格特性として敵意を抱きやすいかどうか。三つめのAは、攻撃行動を表しやすいかどうかという特性です。

ここでの攻撃行動とは、殴ったり、暴力をふるったり（体的攻撃）だけを指しているのではありません。反論したり、議論をしかけたり、不快さを主張したり（言語的攻撃）といった、口調や態度の変化、婉曲的《えんきょくてき》に嫌味をいうことなども含まれています。

すべての人が、攻撃的行動を行っている、もしくは行ったことがあるという事実を認識しておくべきでしょう。

さて、怒りのコントロールを考えていく際には、このAHAという怒りに関する三つの側面を知っておくと、具体的な方法への課題が見えてきます。

たとえば、怒りの第1段階では、AHA症候群のうち、「攻撃行動」の抑制が大切となります。

続く怒りの第2段階は、鎮静化のプロセスです。AHA症候群でいうと、「怒り」と「敵意」、つまり「短気かどうか」という点と、「自分が敵意を抱きやすいかどうか」という性格上の特性を踏まえて対処していくといいでしょう。

自分の特性を踏まえ、最終的には怒りを感じた人との間に、それまで以上の建設的な対人関係を構築するために、「理性的に言葉で怒りを表現する」ことが必要になります。

怒りを自分の心の中で整理し、相手とどのようにコミュニケートしていくかということが、第2段階で取り組む行動になります。

怒りの第3段階では、前段階と同様、鎮静化のプロセスを意識します。AHA症候群でいう、「怒り」と「敵意」から捉えた自分の人格特性にさらに向き合う作業が主になります。

第1段階から第2段階までは、主に他人との関係を意識して怒りのコントロールを行います。外向きのコントロールともいえるでしょう。

第3段階では、「心の安らぎ」を目的に、内向きのコントロールを行うことになります。この段階で行うのは、「おそれない」こと、「ゆるす」ことです。

この二つの言葉を行動の指針として選択できれば、私たちは怒りとは無縁に、心穏やかな生活が送れるようになります。さらには、怒りのコントロールという当初の目的を超え、人格的に成長することができるのです。

怒りの背後には、「おそれている」気持ち、もしくは「ゆるせない」気持ちのどちらか、また両方が必ずあります。この二つの気持ちの逆の行動を選択できるようになれば、怒りの感情から解放され、毎日、心を穏やかにして過ごせるようになるのです。

そうはいっても、「そんな賢明な二つの行動を選択できるようになるには、膨大な時間がかかることだろう」という疑問を抱く人もいるかもしれません。

いいえ。実際には時間はかかりません。

この二つを選択すると心に決めたその瞬間から、私たちの行動は変化します。怒りに囚《とら》われそうになるたびに二つの選択を意識すれば、今すぐできるようになります。そうすると決め、そう振る舞えばいいだけです。

そして、その積み重ねが内的な変化を生みだしていくのです。

怒りを表す人と隠す人

怒りについては、２パターンの性格傾向が考えられます。

怒りの感情を表す人（そのタイプを「アンガー・アウト」と呼びます）と表さ

ない人（そのタイプを「アンガー・イン」と呼びます）です。

アンガー・インとは、怒りによってイライラしたり、腸《はらわた》が煮えくり返ったりするように感じるもので、その怒りは自分自身に向けられます。つまり、湧き上がった怒りのエネルギーが内側に向かうのです。

外面的には平静を装っていますから、他者に自分の怒りは伝わりません。頭にきてもグッと呑み込むことが多いタイプの人です。

第三者からすれば、アンガー・インの人の周辺では、物事が穏やかに進むように見えることでしょう。怒りを外に見せることがないため、対人的に争ったり、葛藤が生じたりすることはありません。

しかし、他者からの不当な扱いや搾取に対しても怒りを見せないと、相手からは「やり返してこない」というふうに認識され、不利益を被り続けてしまうこともあるでしょう。平たくいえば、「なめられる」わけです。

第3章の「四つの視点」でもいいましたが、一部の人間が一方的に不利益を被り続けるということは、進化論的にもデメリットです。というのも、通常、搾取する側は搾取される側に比べて少数となるはずです。搾取される側は、不当な扱いを受け続けることで生命的な危機に瀕《ひん》するはずですから、種《しゅ》の保存を考えればメリットになることはありません。

また、社会的にも、一部の勝者とそのほか大勢の敗者で構成される社会は混乱に陥る可能性が高く、長続きできないとも考えられるでしょう。２０１０年11月チュニジアで起こったジャスミン革命に端を発する大規模民主化運動「アラブの春」などは、アンガー・インを強要されてきた大衆の積年の怒りの爆発と考えられるように思います。

この視点で考えてみると、怒りは、進化論的にも、また社会的にもじゅうぶんな意味合いを持つ、必要な感情といえるでしょう。

アンガー・インに話を戻します。

このタイプの人は健康面で心身ともに悪い影響を被っているように私には思えます。たとえば、以下のような訴えを診療の場で聞くことが多いからです。

「人間関係のストレスで、胃がキリキリ痛む。通勤中の電車で吐き気がして、おなかが痛む。そのせいで、毎朝、必ず途中下車してしまう」

「もともと高血圧なので薬を飲んでいるが、気苦労が続くせいか、前以上にどうも血圧が高めになっている」

「気が弱いのがいけないのでしょうが、理不尽なことを命じられても、つい引き受けちゃうんです。私だって、イラッとすることはあります。でも、『怒るのはよくない』と反射的に考えてしまい、つい私のほうが『すみません』といってしまうんですよ。こんなふうに我慢ばかりしているせいで、寝床に入ってもクヨクヨと悩んでしまうんです。あそこは、怒ってもよかったんじゃないかとか。何で自分がこんなことまでしないといけないんだとか……。考えだすと、眠れないんですよねえ……」

このような人は、診療を継続的に続けていくと、アンガー・インの側面を持っている人が多い印象があります。

怒りを表す人は周囲に緊張を強いる

アンガー・アウトの人は、戸をバタンと閉めたり、いすを蹴飛ばしたり、床を踏み鳴らしてドカドカと歩いたりといったように、怒りを外側に表します。物に対して八つ当たりをする状況を思い浮かべていただくと、わかりやすいでしょう。

また、対人場面でも、怒りを何らかの方法で相手に示すタイプです。短気で、

「瞬間湯沸かし器」と揶揄《やゆ》されるような、カッとなって怒鳴る人を思い浮かべましょう。しかし、近年はそんなふうに怒りをわかりやすく表す人は、少数派になっているようです。

最近は、怒りを表す方法が陰湿化し、怒鳴るといった派手な方法は取りません。たとえば、先に挙げたように、物への八つ当たりです。それ以外には、表情や口調を変化させ、ムッとしている様子を見せたり、嫌味をいったりといった感じでしょうか。

このようなアンガー・アウトの人は、周囲の人に常に緊張を強います。たとえば、こんな具合です。

「自分が怒られているわけではないけれど、不機嫌なオーラを一日中出されているときつい。気がつくとビクビクしてしまっている」

「何をやっても嫌味をいわれるから、とても不愉快でいつも疲れる」

「ドアの開け閉めや、書類をデスクに置くときの音がハンパなく大きい！　そのたびに自分の集中が途切れてしまい、こっちから怒鳴りつけてやりたくなる」

周囲の人を不快にする（少なくとも愉快にはしない）ため、対人的な葛藤はやはりふえます。

また、臨床の場では、アンガー・インの人たちの話を聞くのと同じ程度、アンガー・アウトと思われる人の悩みを聞くことも少なくないのです。

「自分たちのころは、仕事が出来ないと怒鳴られるのが当たり前でした。しかし、最近は、ちょっと叱るとパワハラといわれるみたいです……。実は、最近の会議で、うちの会社もコンプライアンス上の理由があり、パワハラの相談窓口を設置するというお達しがあったんです。それは結構なことですが、その場で私は名指しされ、『パワハラで通報されないよう気をつけるように』と、注意されまして……。考えていくうちに、これまで自分の指導は、ハラスメントとしか受け止められていなかったのではないかと情けない気持ちになりまして……」

「お恥ずかしいのですが、すぐにカッとなってしまい、物に当たってしまうのです。会社で同僚や部下に八つ当たりだけはすまいと、自分なりに抑えているつもりなのですが……。職場の雰囲気がギスギスしていて、どうも自分のせいじゃないかと考えると落ち込んでしまいます」

「あとで考えると、いつも悔やんでしまいます。後悔するならやらなければいいということも重々承知しているのですが……。いつからこんなに嫌味っぽくなったのかと、自分で自分が嫌になります」

といった具合です。

怒りを外側に表すことは、その方法によっては対人関係を複雑にし、葛藤を生むことが多いといえそうです。また、アンガー・アウトの人は、いったん怒りは外へ向かいますが、あとで冷静になったり、また人間関係にゆがみが生じたりすると、その後、エネルギーのベクトルが内へと向かい、自責や後悔といった気分の落ち込みに悩む印象があります。

児玉龍彦《こだまたつひこ》東大教授の国会での怒り

アンガー・インとも、アンガー・アウトとも異なりますが、「怒りを理性的に言葉で表現する」ことは効果的です。

いずれか極端に偏ることなく、その中間に相当します。「適切な方法でアンガー・アウトを行う」という行動様式になるでしょうか。「怒りを理性的に言葉で表現する」のです。

この好例として、私が思い出すのは、２０１１年7月27日に、東京大学先端科学技術研究センターの児玉龍彦教授が厚生労働委員会で国の原発対応の問題点を指摘した場面です。児玉教授は、委員会の席で「満身の怒り」を表しました。今でもYouTubeで視聴できますから、興味を持たれた方はご覧になるといいでしょう。

このときの児玉教授の怒りは、私たちに迫る生命的な危機についての怒りの表明です。怒りに任せてだれかを殴りつけたのではなく、意味不明の言葉で怒鳴り散らしたのでもなく、怒りで頭が真っ白になり、押し黙ったということでもありません。怒りを言明し、どのような対応をしてほしいのかという要望を、はっきりと主張しています。建設的に怒りを表しているともいえるでしょう。

攻撃行動は取っていないという点でも、怒りの感情に振り回されて混乱していないという面でも、命を守るという目的のために、理性的に言葉を述べているという意味においても、正当な怒りを堂々と表現している好例だと思います。命を守るための怒りは、私たちは生物として絶対に感じるべき怒りであり、絶対に表出すべきであるということから、「正当な怒り」ともいえるでしょう。

つけ加えて述べるとすれば、このような正当な怒りを抱いたときでさえも、私たちには注意すべき点があります。私たちは、「自分の怒りは正当である」と考えた途端に、「我こそは正義を体現している」かのような高揚感を覚えてしまうことです。

このような場合には、怒りの感情とともに、正義感に裏打ちされた一種の万能感に包まれます。この高揚感が曲者《くせもの》なのです。元々の感情である怒りに、正当な理由づけがなされる状況であるほど、私たちは正義に対する畏れさえもなくしてしまいかねないからです。

正義である自分への異論や反論を唱える他者は、「悪」であると思い込みやすくなります。さらには、正義に対する畏敬の念をどこかに置き忘れてしまうと、「自分は正義なんだから、これくらいはいいだろう」と、自分の小さな悪には目をつぶり、悪事を働いてしまうことが往々にしてあるのです。

つまり、自分が正義であると認識した途端に、私たちは正義でなくなってしまうのです。このジレンマの危険性は、常に注意していく必要があるでしょう。

「自分は正当である」「正義は我にあり」「自分の怒りは正当である」などと考えた際には、このような落とし穴に陥っている危険性があることに、じゅうぶん留意する必要があると思います。

「人は必ず過ちを犯す」のです。その当然の事実を思い出し、誤った考えや独《ひと》り善《よ》がりの思いを抱いていないか、冷静に自分自身をモニターし続ける必要があるでしょう。

怒りが高血圧を呼ぶ

アンガー・インとアンガー・アウトが、高血圧に与える影響についての調査や研究はたくさんあります。未だ決定的な結論には達していませんが、アンガー・イン、アンガー・アウトの両タイプともに、高血圧の原因となることは間違いないようです。

なぜ高血圧と怒りの調査や研究が多いのかといえば、先に述べたように、怒りによって体の緊張を司《つかさど》る交感神経《こうかんしんけい》が活性化し、その結果、血圧が上昇することがわかっているからです。もし、アンガー・アウトの人がより高血圧になりやすいとすれば、高血圧の予防戦略として怒りのコントロールについて論じられるかもしれません。

高血圧は、脳出血や脳梗塞《のうこうそく》などの脳の血管にまつわる病気（脳血管疾患《のうけっかんしっかん》）や、急性心筋梗塞などの心臓病（虚血性心疾患《きょけつせいしんしっかん》）の原因となる、日本ではとても多い病気です。平成27年の厚生労働省による調査によれば、死因の第2位が心臓病であり、第4位が脳の血管にまつわる病気です。

高血圧は、生活習慣病の一つであり、食生活や運動習慣など日常生活を見直すことで予防や改善が期待できます。怒りも日常生活の中で頻繁に生じるわけですから、先に述べた体の反応も併せて考えれば、高血圧の原因になることも考えられます。

今後、怒りと高血圧との強い関連が明らかになれば、怒りのコントロールに取り組むことで、これまでよりも効果的な高血圧への医療対策が行える可能性があります。

このように考えてみると、アンガー・インも、アンガー・アウトも、どちらも「穏やかな心の状態」、そして「健やかによりよい人生を生きる」とはほど遠いタイプといえるでしょう。怒りは、心身の健康をむしばみ、人生を破壊する力を持っているのです。

第5章

自分の怒りのタイプを知る

怒りの個性は人それぞれ

人の個性はそれぞれであり、怒りだってそれぞれです。攻撃性や怒りの表し方、敵対的な態度という性格面など、１０００人いれば１０００人なりの個性や強弱があります。

つまり、怒りの感情に対処するためには、自分なりの怒りの個性を把握する必要があるのです。個性を把握すれば、怒りの3段階のどこに重点的に取り組むべきか、さらに日常生活では何に注意するべきなのか、ということが自《おの》ずとわかります。

それによって、自分なりの対処法が見えてきます。これは、空手でいう「型」であり、他のスポーツでいう「フォーム」に相当します。スポーツと同様、あらゆる状況でスムーズに怒りをコントロールするためには、フォームが重要なのです。

本章では、二つの「自己評価ツール」を紹介します。この二つを使用することで、怒りに関連した自分の個性を評価してみたいと思います。

一つめの評価ツールは、「タイプA行動パターン（以下、タイプAと記します）・セルフチェックリスト」です。

短気な人かどうかのセルフチェック

最初に、ペンとノートか白い紙をご用意ください。

質問は、全部で12問です。用意したノートか紙の左側に、1～12の番号を縦に記入しましょう。自分の回答は、その右側に書き入れます。

すべては三択となっています。選択肢は、以下の三つです。

A　いつもそうである
B　しばしばそうである
C　そんなことはない

Q1～Q12までの質問に対し、この三択で答えてください。普段の自分の振る舞いに、最も当てはまるものを記入しましょう。

「タイプA」セルフチェックリスト

A――いつもそうである
B――しばしばそうである
C――そんなことはない

Q1　忙しい毎日を送っていますか？

Q2　毎日、時間に追われているように感じますか？

Q3　仕事を含めて、何かに熱中しやすいですか？

Q4　仕事に熱中してしまうと、ほかのことに気持ちの切り替えができにくいですか？

Q5　何かをやる以上は、徹底的にやらないと気がすまないですか？

Q6　自分の仕事や行動に自信を持っていますか？

Q7　緊張しやすいですか？

Q8　すぐにイライラしたり、怒ったりしやすいですか？

Q9　几帳面ですか？

Q10　人より勝気なほうだと思いますか？

Q11　気性が激しいですか？

Q12　仕事やそのほかのことで、他人との競争心が強いですか？

質問は以上です。お疲れさまでした。
すべての回答が終わったら採点します。自分の選んだ答えを、以下の点数表から合算してください。

	Q1	Q2	Q3	Q4	Q5	Q6	Q7	Q8	Q9	Q10	Q11	Q12
A	2	2	2	2	4	4	2	2	4	2	2	2
B	-1	-1	-1	-1	-2	-2	-1	-1	-2	-1	-1	-1
C	0	0	0	0	0	0	0	0	0	0	0	0

【判定】　合計17点以上　タイプA
　　　　　合計16点以下　タイプB

短気な人は病気になりやすい？

それでは、「タイプA」について解説をしていきましょう。タイプAは、性格的には短気、競争的、攻撃的、敵対性が強く、挑戦的です。行動面では、いつも時間に追われるように精力的に仕事や生活を送っており、せっかちで、早口、大声という傾向を持つ人をいいます。

1950年代に、アメリカの心臓専門医フリードマンとローゼンマンが、狭心症《きょうしんしょう》（心臓の血管が狭くなって起こる病気）や心筋梗塞《しんきんこうそく》（心臓の血管が詰まって起こる病気）といった心臓病（正確には虚血性心疾患《きょけつせいしんしっかん》）になりやすい性格と行動の傾向を突き止め、これを「タイプA」と名づけました。

タイプAの人は、その性格自体が心臓病を発症しやすく、また喫煙や大量飲酒、高エネルギー（カロリー）の食事を好むなど、生活習慣についても心臓病の原因となる傾向を持つことが多いとされています。

欧米では、タイプAの人は、タイプBの人に比べて約2倍も心臓病になりやすいという報告があります。ただし、日本の国立がん研究センターの研究では、

「タイプAの男性は心臓病になるリスクが低い」という結果もあることから、さらなる検討が必要であるといえそうです。

心臓病とタイプAとの関連性は、これからの研究成果を待たないと正確な判断はできないかもしれません。しかし、この項の最初で述べたタイプAの特徴からすれば、そう判定された人のほうが、怒りや攻撃性、敵対性など怒り関連の傾向は、タイプBに比べて強いといえそうです。

タイプAと心臓病の研究が進むにつれ、問題は、タイプAに含まれるすべての性格・行動パターンではなく、敵対性や攻撃性、短気さという、その一面ではないかと考える研究者が現れてきました。

ここで、「敵対性、攻撃性、短気さ」という単語に読者のみなさんは注目されたかと思います。これらの言葉は、本書でここまでに検討を重ねてきた、怒りに関連する性格・行動の傾向です。

研究者たちは、この「敵対性」という言葉に対する客観的な評価基準の開発を進めていますが、標準的なツールの確立にはまだ至っていません。

そこで、ここではいくつかの質問表を参考にして、著者が考案した自らの「怒りのタイプ」を知る「敵対性のセルフチェックリスト」をご紹介します。

このチェックリストを用いることで、タイプAと判定された人は、自らの怒りの個性を整理できるでしょう。自分の個性を踏まえたうえで、怒りのコントロールに取り組めば、心臓病になるリスクさえも低下するかもしれません。

一方、タイプBの方の中にも、「怒りっぽさ」や「怒りの処理の仕方」など、ままならない自分の怒りを悩みに本書を手にした方もいるでしょう。もちろん、タイプBは怒りのコントロールが必要ないわけではありません。

先ほどのチェックリストで、敵対性に関連する側面の特徴は強いが、それ以外の側面は弱いために合計点が16点以下であったという可能性もあります。また、点数的にはぎりぎりタイプBだが、基本的な特徴はタイプAだという自覚の人もいるでしょう。

ただ、「タイプA・セルフチェックリスト」だけでは、そこまで詳細な情報は得られません。ここでは、次のセルフチェックテストに進み、自分の特性をより詳しく把握していくことにしましょう。

敵対性のセルフチェックリスト

ここでは、「敵対性のセルフチェックリスト」を使って、自分自身の敵対性、つまり怒り関連の特性を測ってみましょう。

「タイプA・セルフチェックリスト」と同様に、ペンとノートか白い紙をご用意ください。

質問は、全部で46問です。用意したノートか紙の左側に、1〜46の番号を縦に記入しましょう。自分の回答は、その右側に書き入れます。

すべての質問は、AかBかの二択です。迷った場合には、最初に「こっちかな？」と感じたほうを答えるといいでしょう。

それでは、開始してください。

敵対性のセルフチェックリスト

1　**電車が止まり、目の前でドアが開いた。ドアの正面では数人の学生がバッグを床に置いたまま携帯型のゲームをしており、車内に入りづらい。**

Ａ：バッグを踏まないように気をつけて、車内に入った。

Ｂ：瞬間的に頭に血が上り、バッグを蹴飛ばしたくなった。

2　**コンビニで、店員の不注意のためにレジ待ちの順番を飛ばされた。**

Ａ：「私が先のはずですが！」と、店員に文句をいう。

Ｂ：ミスはだれにでもあると気にしない。

3　**通勤バスに乗るために列に並んだ。**

Ａ：暇潰しにスマートフォンをいじる。

Ｂ：割り込もうとする人がいないか、神経を尖らせる。

4　**非正規雇用労働者の雇い止めが問題になっている。**

Ａ：就職について真剣に考えなかった彼ら自身の問題だ。

Ｂ：世界的な金融危機の影響で、国内の経済状況が悪化している。彼らは、現代社会の犠牲者だ。

5　相性が合わないのか、ある人と話すといつも腹が立つ。

A：顔に出すことなく、何食わぬ顔で振る舞える。

B：しかめっ面になり、とげとげしい態度になる。

6　飲酒運転による交通事故の痛ましいニュースを聞いた。

A：防止のためには、飲酒による危険性の教育を含め、社会全体で取り組まねばならない。

B：加害者を殴らないと気がすまないほど、腹立たしく思う。

7　振り込め詐欺の被害者があとを絶たない。

A：これだけニュースになっているにもかかわらずだまされるのだから、被害者にも問題があると思う。

B：高齢者の被害が多いようだから、周りの人もいっしょに気をつけてあげないといけない。

8　話し合っているうちに、口論になることがある。

A：まゆをひそめたり、不機嫌そうに振る舞ったりすることは、口論を有利に進めるために効果的な道具だ。

B：まゆをひそめたり、不機嫌そうに振る舞ったりすることを、自分は絶対にしないと決めている。

9　渋滞を避けるために早めに車で出発したものの、高速道路でUターン・ラッシュの交通渋滞に巻き込まれた。

A：「考えることはみんな同じだな」と苦笑し、それほどイライラしない。

B：すぐにイライラが始まり、機嫌は悪くなる。

10　繁忙期には、並行して複数の仕事をやり遂げなければならない。

A：同僚や部下がミスをする不安があるため、どれだけ多忙になっても自分一人でやりたい。

B：同僚や部下に恵まれているので、彼らと業務を分担してやりたい。

11　怒りを感じても、表に出さないことがある。

A：時間がたつと、怒りを表に出さなくてよかったと思う。

B：怒りを出さないように自分を抑圧するのは、かえって欲求不満になってよくない。

12　車を走らせていると、突然ほかの車が割り込んできた。

A：何度もクラクションを鳴らし、大声で怒鳴りつける。

B：そんな車からは車間距離を取って離れるようにする。

13　他人から不公平な扱いを受けた。

A：「理不尽だけど、もうすんだことだ」と考え、そんな出来事はさっさと忘れる。

B：「どう考えても理不尽だ！」と憤慨し、何時間もその出来事についてくり返し考える。

14　一方通行の道路で車を運転していたところ、対向車がやってきた。

A：不慣れな場所のため、間違えたのだろうと考える。

B：こんなに間抜けな人間は、免許を取り消しにすべきだと考える。

15　昼休みに雑談をしていると、間違った情報を話している人がいる。

A：途中で話を遮り、間違いを指摘する。

B：だれにも実害はないから聞き流す。

16　飲食店のチケット売り場で、自分の列がなかなか前に進まない。

A：前でぐずぐずしている人はだれなのかをチェックして腹を立てる。

B：ほとんど気にならない。

17　礼儀知らずで不愉快な人がいる。

A：そんな人とは、今後かかわらないように努める。

B：そんな人には冷たく接し、話しかけられても無視する。

18　選挙の投票日を明日に控えている。

A：どれほど政治家が信用できないかということについて、パートナーにぐちをこぼす。

B：だれを支持すればいいのか、選挙公約をもとに決めたいと思う。

19　エレベーターがなかなか降りてこない。

A：イライラして機嫌が悪くなる。

B：階段を利用する。

20　偶然、自分の嫌いな人と話すことになった。

A：適当にあしらい、可能な限り早く切り上げよう。

B：そんな人と話すときほど努めて丁寧に対応するよう、普段よりも気をつけよう。

21 **何度も禁煙に失敗する人が**

A：そんな人は自制心に欠け

B：成功するまで何度でもチ

22 **車の助手席に座っている。**

A：いっしょに乗った人と会話
して楽しめる。

B：事故を避けるため、ドライバ

23 **自分の行いが批判された。**

A：頭に血が上り、「自分は間違っ
ぱいになる。

B：批判にも一理あるかもしれない

24 **知人と話をしているうちに議論に**

A：自分の主張を相手に伝えるため
話すようにした。

B：頭と顔が熱くなり、体中に力が入 わかった。

25　会議で自分の意見に同僚が反対した。

Ａ：相手の立場を理解したうえで、再度わかりやすく説明する。

Ｂ：反対意見を取り下げるまで、相手と徹底的にいい争う。

26　話の長い人と会話することになった。

Ａ：相手の話が途中であっても、こちらから言葉を挟み、できるだけ早く終わらせようとする。

Ｂ：相手の話をできるだけ最後まで聞くようにする。

27　無人販売所であっても、商品の代金を払わない人はまずいない。

Ａ：防犯カメラに写り、あとで捕まるのがこわいからだ。

Ｂ：だれしも間違ったことはしたくないからだ。

28　数人の小学生がふざけあいながら道を歩いていた。

Ａ：自動車に注意しないと危ないと思い、しばらく見守る。

Ｂ：親の顔が見たいものだと、なげきながらにらみつける。

29　テロに関する惨事のニュースを見た。

Ａ：舌打ちをして、頭に血が上るのを感じる。

Ｂ：人間の残酷さについて、哀しく思う。

30　恋人、またはパートナーと会話をしている。

A：頭の中で、「その話はおかしい」「次はこういおう」などと、よく考える。

B：相手の話にじっくり耳を傾ける。

31　本当に頭にきた。

A：近くの物を投げたり、大きな音を立ててドアを閉めたりしたことは、一度もない。

B：近くの物を投げたり、大きな音を立ててドアを閉めたりしたことがある。

32　人生は小さな苦しみの連続だ。

A：小さな苦しみの体験の一つひとつを思い出すたびに、いらだってくる。

B：小さな苦しみの体験の一つひとつは忘れていくため、思い出すことは難しい。

33　友人の言動が気に入らない。

A：怒りが収まるまで黙っているケースが多い。

B：怒りのままにはっきりと伝えるケースが多い。

34　新幹線のチケットを旅行代理店で予約する。

A：万一ミスがあったらと心配になる。

B：任せて安心だと思う。

35　日常的な気分について。

A：不機嫌になることがたまにある。

B：大抵は落ち着いている。

36　混み合ったバーゲン会場でぶつかられた。

A：混んでいるのだから仕方ないと、気に留めない。

B：混んでいても気をつけていればぶつからずにすむはずだと思い、いらだつ。

37　パートナー、または恋人が食事の準備をしている。

A：食材が焦げたり、レシピを間違えたりしないように確認する。

B：うれしくて、出来上がりが待ち遠しい。

38　レストランへ食事に行く約束をしていたが、ぎりぎりになって恋人が、「今日は体調が悪いから」とキャンセルしてきた。

A：恋人の体調を気遣う。

B：体調管理の悪さについて不満をいう。

39　前に腹が立ったことを、ふいに思い出す。

A：細かく思い出し、以前と同じように怒りを覚える。

B：過去の出来事のため、前ほど気にならない。

40　休日に繁華街を歩いている。

A：買い物などで、みな楽しそうに休日を過ごしている。

B：せっかくの休日なのに、ブラブラと暇潰しの人が多い。

41　会社の飲み会で、周囲の反応を気にせず一人でしゃべっている人がいる。

A：話を止めさせ、周りから浮いていることをはっきりと伝える。

B：その人とは別のグループに移る。

42　仕事の出来ない相手と組み、プロジェクトをいっしょに進めなくてはならない。

A：自分の分担である仕事に集中する。

B：相手にイライラする。

43　パートナー、または恋人が誕生日にプレゼントをくれるという。

A：自分の趣味と違うともらっても困るため、プレゼントの品は自分で選びたい。

B：相手がどんなものを選ぶのか、それを楽しみにしたい。

44　不快に思う人がいる。

A：黙っている。

B：相手に自分が不快だと伝える。

45　議論になると、同じ役回りになるケースが多い。

A：自分が、相手よりも怒っている。

B：相手が、自分よりも怒っている。

46　スーパーや銀行で並んだ列が、前になかなか進まないことがたびたびある。

A：将来的には改善を期待したいことの一つだ。

B：ぐずぐずしている人が列に交じっているせいだ。

敵対性――――――――（　　）**点**

不信感と嫌味っぽさ――（　　）**点**

カッとなりやすさ―――（　　）**点**

攻撃性――――――――（　　）**点**

怒りのタイプを客観的に知る

それでは、採点に入りましょう。
各項目で、以下のアルファベットに該当するものはいくつあったでしょうか。
これらをすべて「1」として足した数が、あなたの「敵対性」となります。

敵対性

1 B	2 A	3 B	4 A	5 B	6 B
7 A	8 A	9 B	10 A	11 B	12 A
13 B	14 B	15 A	16 A	17 B	18 A
19 A	20 B	21 A	22 B	23 A	24 B
25 B	26 A	27 A	28 B	29 A	30 A
31 B	32 A	33 B	34 A	35 A	36 B
37 A	38 B	39 A	40 B	41 A	42 B
43 A	44 B	45 A	46 B		

【評価】

10点以下：心身ともに健康を保てる

11点以上：心身ともに健康を保つために、怒りのコントロールに積極的に取り組む必要がある

次に、この敵対性を三つの側面に分けて見ていきましょう。

あなたに当てはまった項目のうち、以下の各側面の番号はいくつあるでしょうか？　それぞれの番号を1とした合算が、あなたの数字となります。

① 不信感と嫌味っぽさ

3、4、7、10、14、18、21、22、27、30、34、37、40、43、46

【評価】

0〜3点：不信感と嫌味っぽさのレベルが低い

4〜6点：不信感と嫌味っぽさのレベルがやや高く、注意が必要

7点以上：不信感と嫌味っぽさのレベルが高い

②　カッとなりやすさ
1、6、9、13、16、19、23、24、29、32、35、36、39、42、45

【評価】
0〜3点：カッとなりやすさのレベルが低い
4〜6点：カッとなりやすさのレベルがやや高く、注意が必要
7点以上：カッとなりやすさのレベルが高い

③　攻撃性
2、5、8、11、12、15、17、20、25、26、28、31、33、38、41、44

【評価】
0〜3点：攻撃性レベルが低い
4〜6点：攻撃性レベルがやや高く、攻撃性を抑える方法を考えたほうがいい
7点以上：攻撃性レベルを下げる手段に、真剣に取り組む必要がある

※攻撃性は社会生活を営むうえで、大きなリスクです。そのため、攻撃性レベルは低く抑えることが重要です。そのため、上記二つの評価とは異なります。

何を変え、何に注意を払うべきか？

ここで、「不信感と嫌味っぽさ」「カッとなりやすさ」「攻撃性」の三つの側面について簡単に解説をしましょう。

①の「不信感と嫌味っぽさ」とは、一般に他人の意図を疑う態度のことです。このような態度をしていると、つねに他人の不品行に対して身構えるようになります。つまり、ここで皮肉の点数が高い人ほど、「怒りやすい性格」といえるでしょう。他人に対する信頼度が低く、他人がごまかしをしたり、もしくは自分に対して故意に不当な扱いをしたりするのではないかと考えていることになります。

②の「カッとなりやすさ」とは、不信感と嫌味っぽさを持つ人が、他人が間違った行動を取るのではないかという疑いから生じることの多い情動です。カッとなりやすさの点数が高い人ほど、短気といえるでしょう。フラストレーションのたまるような状況では、怒りやイラつき、不機嫌さに見舞われる傾向が強いとい

うことになります。

③の「攻撃性」とは、他人に対して敵対心を持ちやすい人が、怒り、イラだちなどの不快な感情によって駆り立てられる行動です。つまり、この点数が高い人は、周囲にある物を投げたり、ドアを大きな音を立てて力いっぱい閉めたりと、「怒りを衝動的に何らかの行動として表す危険性が高い」といえるでしょう。

怒りを感じたときに、暴力や暴言をはじめ、感情的に怒りを行動として表してしまう傾向の強さを示しています。

攻撃性レベルが高かった人は、怒りの3段階のうち、特に第1段階における対処、つまり怒りを消すことに重点的に取り組む必要があります。

このセルフチェックリストに答えることによって、自分を変える必要がある面、そして何に注意を払えばいいのかを教えてくれます。

たとえば、攻撃性は3点で、カッとなりやすさは4点、不信感と嫌味っぽさだけが7点と高かったとしましょう。そんな人は、他人に接するときの態度に注意を払う必要があります。

心の中で、「こいつ、俺をばかにしやがって！」とか、「いつも嫌味っぽくて嫌な感じ。私への嫌がらせなの？」という具合に、他人の行動に疑いの念が浮かんだら注意が必要です。

「不信感と嫌味っぽさのレベルが高い自分のくせが出てきたぞ。単なる自分の思い込み、勘違いかもしれない」といったふうに、頭に浮かんだ皮肉な思考を捨てるようにしてください。

自分の怒りの特性を念頭に置き、怒りのコントロールに取り組んでいきましょう。

第6章

怒りを収める最終段階でのテクニック

怒りの完全な鎮静化へ

さあ、ここから最終章です。本章では、怒りの第2段階、第3段階に当たる怒りの解消について、テクニックなどを紹介しながら取り組んでいきます。

ここまで読み、怒りのコントロールへの動機づけは高まっていると思います。コントロールする対象である、怒りについても熟知しました。二つのセルフチェックリストによって、自分の怒りの個性をつかんでもいることでしょう。

いよいよ、怒りを完全に鎮静化することを試みます。

まずは、怒りの第2段階です。この段階は、人間関係をよりよいものにすることに主眼を置いています。そのため、敵対性のセルフチェックリストの各レベルの高低に関係なく、だれもがしっかり身につけていくべき方法です。

ここでは、まずは怒りを記録して評価を与えます。そして、相手との関係性によっては、自分の感じた怒りを伝え、「行動の変化」を促すこともあります。行動の変化とは、自分の怒りを相手に知ってもらい、場合によっては謝罪を求め、行さらには同じ振る舞いを今後はしないように説得することです。いい換えると、理性的に説得を行い、怒りの感情を建設的に処理していくことになります。

ただし、このような説得をするか否かは、相手次第です。相手との現在までの、そして今後に期待する関係性によります。これからもよい関係を維持したいと思う相手に対してだけ、エネルギーを注ぎましょう。

「今後は、そこまで良好な関係を保てなくてもいいかな」と思う相手には、理性的な説得はあきらめてください。怒りを評価したあとに、「怒りを捨て去る」ことに集中したほうがいいでしょう。

私たちが怒りのコントロールを行う目的は、あくまでも「心の安らぎを得て、よりよい人生を歩む」ことです。このことを念頭に置いて、行動を選択することが大切です。あらゆる行動は、この目的が起点となります。

それでは、第2段階で実践する方法を具体的に述べていきましょう。

第2段階の怒りを消す技術①　怒りを書き出す

第2段階では、自分の気持ちを整理するために、まず怒りを「アンガー・ログ（怒りの履歴）」として書き出します。特に決まりはありませんが、これから述べる項目を書き出していけば過不足ないでしょう。
記録するタイミングは、第1段階を終えて、怒りを冷静に振り返れるようになってからです。そのため、第1章で紹介した「ライティング」に比べ、ここではより客観的な記述ができると思います。

アンガー・ログで書き出す項目

①いつ：怒った日時
②状況：どこで何があったのか（具体的に回想ができるように、そのとき耳に入ってきた音や声、においなども記しておきましょう。耳障りな騒音や鼻をつくにおいなどの不快な刺激が、イライラの原因だったと気づくこともあります）
③思考：何を考えたのか
④感情：どんなふうに感じたのか
⑤行動：どんなふうに行動したのか
⑥重みづけ：自分にとってその重要度はどの程度なのか（100点を最高点とすれば何点くらいに相当するか、と評価してもいいでしょう）
⑦評価と選択：①〜⑥を通し、この怒りを捨て去るのか、それとも怒りを抱い

た対象に理性的な説得を行うのか（あくまでも、自分でどちらかを「選択する」ことを、ここで再度意識しましょう）

⑦の選択をスムーズに行えないときもあると思います。自分にとって重要な怒りであり、自分の怒りが正当であると思いつつも、説得という積極的なアクションを起こすことには二の足を踏んでしまうときです。

そんなときには、アンガー・ログを見直してください。そのためにも、一つひとつの項目を面倒でも書き残すようにします。

また、行動を選択する際の重要なポイントに、「相手との関係性」があります。迷っているときには、この関係性を評価してみましょう。

次の項では、その関係性を評価する方法を述べたいと思います。

なお、時間に追われているときには、アンガー・ログを書き出すことは避けてください。なるべく日中で、時間に余裕のあるときに作業を行います。平日の朝や早めに出勤したときの始業までの隙間時間、休日の午前中などがいいでしょう。夕方から夜間にかけては、その日の疲れの影響もあり、悲観的な考えを抱きやすい状態にありますから避けてください。

「休日に、わざわざそんな時間を作りたくない」と思う人もいるかもしれませんが、穏やかで健やかな人生を過ごすためです。それだけの価値はじゅうぶんにあります。

第2段階の怒りを消す技術②　相手との関係性を評価する

自分が怒っていることを相手にわからせることは、エネルギーを費やすと同時に、リスクを背負う行為です。たとえそれが、落ち着き払って、理性的に行われたとしても、変わりません。

怒っていることを理性的に説明したとしても、相手には攻撃の一種と捉えられてしまう場合があります。相手の受け止め方によっては、逆に怒りだしてしまうこともあるでしょう。さらには、「どちらの怒りが正当なのか」といった綱引きに終始し、人間関係の悪化を招く結果にもなりかねません。それが、ここでいうリスクです。

これだけのリスクを負い、さらにはエネルギーを費やしても伝えたいほどの重要なことなのか。つまり、自分にとってどれほど大切な相手なのかということを再考する必要があるでしょう。

精神医療には、「精神療法」という治療法があります。精神療法の中にも、いくつもの学派・方法論がありますが、一般的にはいわゆる「カウンセリング」を想像してもらうといいでしょう。

カウンセリングとは、個人の抱えている葛藤や人間関係の問題に焦点を当てて、対話を通して問題点を明確にしたり、その問題を解きほぐしたりしていく治療法です。

この精神療法の一つに「対人関係療法」というものがあります。対人関係療法は、最近マスコミでもよく取り上げられる「認知行動療法」とともに、うつ病に有効な治療法として位置づけられています。

対人関係療法では、「重要な他者」という考え方がカギとなります。この考え方は、相手との関係性を評価するうえで参考になるため、ここで簡単に解説しましょう。

重要な他者とは、配偶者、恋人、親、子ども、親友などを指します。そして、「まあまあ親しい他者」として、友人や親戚などがいます。さらに、「そのほかの他者」として、仕事など社会的な役割の中での人間関係があります。仕事上の上司や同僚などはやり取りする頻度は高くても、自分の気持ちを打ち明けるようなことは通常しませんから、親密度は薄くて「そのほか」ということになります。

自分を中心とした同心円状の図をイメージするとわかりやすいと思います。円の中心には、重要な他者である配偶者、恋人、親、子ども、親友がおり、その次の円には友人や親戚、その次の円には職業上の人間関係があるといったイメージです。円の中心から離れるとともに、他人との親密度や距離感が広がっていきます。

重要な他者との関係は、私たちの心の状態に大きな影響を与えると考えられます。そのため、自分にとって捨て去ることができない怒りについては、多大なエネルギーを費やすことになったとしても、理性的に説得をして、建設的な人間関係を築いていくという必要性が高いということになります。

逆に、円の中心であるあなたからは遠い位置にいる存在であれば、「仕事だけのつき合いだから」「保護者会で顔を合わせるだけだから」と割り切って怒りは捨て去り、また相手を「ゆるし」て、今後も表面的に微笑《ほほえ》み合うようなつき合いを心がけるほうがいいという評価になります。

たとえば、あなたがある人物に対して怒りを抱いたとします。その場では第1

章のテクニックを駆使して無難にやり過ごせました。

しかしその後、落ち着いてからアンガー・ログを記録していきましたが、あなたは何度考えても自分が怒ることこそ正当で、その人物にそれを知ってもらい、今後の行動を修正してほしいと考えたとしましょう。

この時点で、その人物との関係性を評価してみましょう。

その人とは、これまで親しくしていたでしょうか？

あなたは、その人物と今後も親しくしてよりよい関係を続けていきたいと望んでいるでしょうか？

その人は、あなたにとって「重要な他者」でしょうか？

それとも、それほど重要でない「そのほかの他者」でしょうか？

ここは大事なポイントです。よくよく自問自答してみて、理性的な説得に踏み切るか、怒りを捨て去り相手をゆるすかを選択しましょう。

次に、あなたが理性的な説得を行うと選択した場合に、その具体的な方法を考えていくことにしましょう。

第2段階の怒りを消す技術③　怒りのもとは何であり、何を伝えるのか？

重要な他者に対して、あなたが怒ったことを伝えると決意した場合には、まずはアンガー・ログを見返します。

この際には、ログの中でも「②状況」についてより詳しく検討しましょう。状況を整理するときに気をつけるべきなのは、「心理的事実」ではなく「客観的事実」を書き出すということです。

たとえば、「夫が、いつものように面倒くさそうな口調で、『じゃあ、明日はアウトレットへの買い物につき合うよ』といった。そのとき夫は、話しながら新聞を広げ、私と目を合わせないようにしていた」と記したとしましょう。これは心理的な事実です。

客観的事実と、「夫が、『じゃあ、明日はアウトレットへの買い物につき合うよ』といった。そのとき夫は、私と話しながら新聞を広げていた」というふうになります。この違いです。

「いつものように面倒くさそうな」という部分と、「私と目を合わせないようにしていた」という部分は、心理的事実です。この心理的事実は、思い込みや勘違いである可能性が高いので、これをもとにして説得を行ったとしても、「お互いの関係性をより良好なものにしていく」という目的は達成できません。

それどころか、相手にとっては「単なる思い込みで攻撃されている」というふうに受け止められ、関係性を悪化させてしまうリスクが高いといえるでしょう。

ここで挙げた例のような場合には、「いつものように面倒くさそう」とか、「納得がいかないときや不機嫌なときは、夫は目を合わせないようにしている」という非言語的な情報は、夫婦という親密な関係だからこそ読み取れているのだと主張する人もいることでしょう。その気持ちはよくわかりますが、相手を説得する場合には、その思いはひとまず脇にどけておき、だれが見ても、だれが聞いても事実であることだけを取り上げるようにしましょう。

さらに、「いつも……」「……ばかり」という一般化した表現は、避けるようにしましょう。怒り経験を伝えられている側は、ただでさえ「一種の攻撃」を受けているのではないかという疑念を持ちつつ、自分の身を守らねばと身構えているような精神状態にあります。

その際に、「いつも……」「……ばかり」という過度に一般化された表現をされると、攻撃されているという疑念は確信に変わります。攻撃を受けると、どうなるでしょう？　そうです。「闘争か逃走反応」が起こります。

「『いつも』じゃないぞ！」とか、「そんなこと『ばかり』じゃないぞ！」とか、相手に闘争モードになられると、話し合いにならず、新たな問題を生んでしまいます。

「あのとき、あなたは『じゃあ』といったけど、その言葉を聞くと、面倒に思われているんじゃないかと感じて、傷ついてしまう」、もしくは、「話をしているときに、あなたは新聞を広げていたでしょう。話をしているときに新聞を広げられると、あなたが不機嫌で目を合わせてくれないのではないかと心配になって、とても哀しくなるの」といった具合に、「そのとき」に限定して客観的な事実を伝えましょう。

また、あなたがなぜ怒りを感じたのか、その「怒りのもとの気持ち」はなんだったのかを事前に整理しておいてください。この例では、怒りを感じたそもそもの理由はコミュニケーションにきちんと応じてくれていない（ように妻には感じられる）夫の態度に、「傷つき」「哀しくなる」ということが、「怒りのもとの気持ち」です。

これを「1次感情」と呼びます。理性的な説得を行う場合には、この1次感情をきちんと伝えることで、相手の共感を得やすくなります。

既に何度か述べたように、だれしも「怒り」をぶつけられると、「闘争か逃走」という反応が起こりますが、一方で「傷ついた」「哀しかった」というような「困っている」ことを伝えられると、多くの場合、人は助けてあげたくなるものです。

この「困っている人を見ると、助けてあげたくなる」という私たちが元来持っている心の動きに働きかけるということが、理性的説得を行ううえでの重要なポイントになります。

第２段階の怒りを消す技術④　相手に期待する行動を伝える

③で挙げた例のように、自分が「困った」ことをストレートに伝えることができれば、相手の共感を得られる可能性は高くなります。

私たちは共感すると、親身になって相手の話に耳を傾けます。つまり、相手の訴えに心を開けるようになるのです。

相手が共感し、心を開いたように感じたら、「次はどうしてほしいのか」ということを冷静に伝えます。自分の困っていることを伝えたことで、相手が聞く耳を持っているタイミングです。

くれぐれも、「今後の相手との関係をより良好なものにする」という目的を忘れないでください。ここぞとばかりに、責め立てるようないい方をしないように注意しましょう。

また、話しているうちに怒りを思い返し、次第に感情的にならないように注意が必要です。責めたり、感情的になったりすると、せっかく開いた相手の心の扉が閉じてしまいます。

私たちが、第2段階で行うのは、理性的な説得です。理性的な攻撃でも、感情的な説得でもありません。落ち着いて、意識的に淡々と伝えるようにしましょう。

先ほどの例でいえば、「『じゃあ』といわれると傷つくから、次からいわないようにしてほしい」とか、「私と話をするときには、新聞を閉じてほしい。そのほうが安心できるから、次からは目を見ながら話しましょう」という具合です。期待する行動の変化を、具体的に、かつお願いをするいい方で伝えましょう。

そもそも、ここで理性的な説得をしている相手は、あなたにとって重要な他者か、それに近い関係性の人物のはずです。そうであれば、相手にとっても、あなたは同じように重要な位置づけの人物であるはずです。

あなたの困っていることに共感し、心を開き、耳を傾けてくれた場合には、きっとそのあとはよりよい関係が築けることでしょう。

第2段階の怒りを消す技術⑤　説得は行わないという選択をする場合

相手との関係性は重要であり、今後もよい関係でいたいと考えているとします。また、自分の感じた怒りは正当であり、相手にもそれを伝え、行動の変化を期待しているとします。

ただ、それでも現実の生活においては、「今、説得することはやめよう」と思うことがあるものです。

特別な理由もなく、「やめておこう」と思うのであれば、機が熟していないのです。これまでの、そしてこれからの相手との関係性や、今回の怒り経験以外のいくつもの要因をもとに感じる直感といっていいでしょう。理由はないものの、案外、この直感は当たっているものです。

怒りのコントロールを行う目的は、「穏やかな心で生きる」ことです。「今はやめておこう」と感じるのは、心のバランスが乱れるのを事前に察知しているからでしょう。

そんなときには、説得をやめて、時間をおき、適切なタイミングを待つことも必要です。

怒りを解消する最終段階の取り組み

怒りの第3段階も、敵対性のセルフチェックリストにおける三つのレベルの高低に関係なく、積極的に取り組んでいくべき段階です。特に「不信感と嫌味っぽさのレベル」、いい換えると「皮肉レベル」が高かった人ほど、真剣に取り組みましょう。

皮肉は、性格の一面です。どのような傾向かといえば、敵対性のセルフチェックリストの該当番号を見直してみると、より具体的に理解できると思います。

これら該当番号の質問では、「他人が正しい行い（もしくは、自分が正しいと思える行い）をきちんとしてくれるのか」「他人の利己的な行いのために、自分が不利益や被害を被るのではないか」「自分だけが我慢をして正しい行いをしていないか」といった、他人に対する疑い、不信、おそれ、不安、被害者意識といった傾向が問われています。

皮肉レベルが高いとは、自分が被害を受けるおそれでいっぱいであり、常に緊張して身構え、他人の振る舞いをいちいちチェックする傾向を持っていることです。また、自分の「正しさの価値観」から外れている他人の振る舞いをゆるせず、容易に怒りの感情が噴き出してきてしまうのです。

このような場合には、怒りの第1段階、及び第2段階でのテクニックを駆使して怒りのコントロールを行ったとしても、日常生活の些細《ささい》なことで怒ってしまうため、自分自身が非常に疲弊します。そして、他人を疑うことで、自分の心も深く傷つけてしまうのです。これでは、目的とする「穏やかな心の状態で健やかに生きる」ことなどできません。

皮肉レベルを下げるためには、「おそれない」こと、「ゆるす」こと、という心の構えを身につけていくことが大切なのです。

第3段階の怒りを消す技術①　おそれを手放す

おそれとは、皮肉な態度を取るもとになっている物事の捉え方の一面です。それは、他人を疑い、自分が被害を受けることに不安を覚え、不信感を抱くという捉え方です。

こう考えると、「おそれを抱いている」、もしくは「おそれを抱きやすい状態」といい表すのが的確なようです。

おそれは、すべて否定すべきものではなく、私たちの生活に必要不可欠な面もあります。たとえば、詐欺など、悪意を持って他人をだまそう、欺《あざむ》こうとしている事態にも、おそれがなければ気づけません。

しかし、おそれが過度に強い場合には問題です。世の中の人すべてが信用できず、自分を守るために、常にピリピリした緊張状態を持続しなければなりません。それこそ、他人の一挙手一投足を疑惑の目で見て、いかなる言葉も信じられなくなります。

このような緊張下に置かれたとき、私たちは自分を守るためにどのような心理状態となるのでしょうか。第3章では怒りを以下のように定義しました。

「怒りとは自己への、不当なもしくは故意による（と認知される）、物理的もしくは心理的な侵害に対する、自己防衛のために喚起された、心身の準備状態」

この定義からすると、おそれが強い場合に私たちは、常に怒りを抱きやすくなるのです。

怒りは、多大なエネルギーを消費します。結果として、おそれが強いと、心身ともに疲弊するのです。そのため、日常的におそれを手放すことが、穏やかな心で過ごせ、怒りの回数もへっていくことにつながります。そもそも、怒りの回数をへらせれば、それは怒りのコントロールにおいて最良の状態であるといえるでしょう。

また、ここでおそれを「手放す」と述べているのは、手放すという行動を「選択する」という意味を含んでいます。「おそれないようになる」というような人格的な変化ではありません。ある行動を選択することは、私たちのだれもが今すぐに取り組んでいけるものです。

さらに、先に述べたような詐欺師のような危険性を感じる人と接するときには、おそれを「手放さない」行動を選択し、危機管理に努めていくことにもなるのです。

それでは、今日から日常的に取り組んでいける具体的な方法を、これから述べていきたいと思います。

おそれを手放す（A）　傾聴する

「おそれ」を手放すためにまずできることは、人の話を聞くことです。
「えっ、そんな当たり前のことなの？」と思った方は、皮肉レベルが高いといえそうです。

私たちは人の話を聞いたり、読書をしたり、テレビを観《み》たりしているときも、実は自分との対話をしています。目の前にいる人の話を音声として認識しながら、それと同時に、もしくは話を先回りして（タイプAの人に多い）、頭に浮かぶ「自分の声」を聞いています。この「自分の声」こそが、おそれを抱くきっかけを作り出します。

皮肉レベルが高い人の場合には、「自分の声」は批判が多いことでしょう。ときには、自分が過去に経験したことと照合し、まだ何もトラブルが起こってもいないうちから、非難めいた「自分の声」を聞くこともあるでしょう。

人と話をしている最中に、「自分の声」に気づいたら、「相手の話に集中しよう」と、自らに注意を促してください。そして、人の話の一区切りごとに、「今のお話は、これこれこういったことと理解していいでしょうか？」などと復唱し、相手の話した内容と自分の理解とにズレが生じていないことを確認していくといいと思います。

「人の話をしっかりと聞く」ということは、おそれを手放すためにだれにでもできることです。そして、ほとんどの人が実践できていないことでもあります。

これを意識したうえで、一回でも実践できると、自分の心に穏やかで「あたたかいもの」があることを感じられます。それは、頭の中で自分の皮肉な声を聞くことで、いかにこれまで自分自身を傷つけてきたかということを実感する体験でもあります。

最初のうちは、人の話に耳を傾けることに集中していても、ついつい「自分の声」が割り込んできます。しかし、何度かやっているうちに、「あのあたたかいものをまた感じたい」と思うようになっていきます。

「これをずっとできるかな」などと先のことは憂《うれ》えず、まずは一回だけでも実行してみてください。自分の心に確かにあるあたたかいものを感じられるはずです。そうすれば、他人の話を聞くことが楽しくなり、ときには喜びさえ得られることでしょう。

おそれを手放す（B）　評価をやめる

皮肉レベルが高い人は、「他人が正しくない行いをするのではないか」とおそれています。そのために、ここでは、「他人の行動を評価しない」という行動を選択していきたいと思います。

皮肉レベルが高いと、他人の振る舞いを見て、「どうして、『あんなバカげたこと』をしているんだ?」とか、「あの人、いつも『余計なこと』ばかりいう」というふうに、自分の価値観にもとづいた勝手な評価をくだしがちです。ちなみに、ここでは二重かっこ内が、その勝手な評価に当たります。

当たり前ですが、価値観は人それぞれです。自分の価値観に合わないからといっていちいち不愉快になっていると、当然怒りやすく、心は乱れがちになります。こうなると、意見の異なる人と議論することもままならなくなり、仕事や実生活に支障が及ぶこともふえるでしょう。

そのような人は、「私は、反対することに賛成する（I agree to disagree.）」というフレーズを唱えましょう。

つまり、人それぞれ見解の相違があるという当たり前のことを再度認識していきたいものです。たとえ反論されたとしても、自分の意見に賛同を得られない場合でも、不用意な評価は行わず、平常心で穏やかな毎日を送りたいと思います。

おそれを手放す（C）　空気を読みすぎない

そもそも、皮肉レベルの高い人が、以下のようなおそれを抱きやすいのはなぜでしょうか？

「他人が正しくない行いをするのではないか」「自分が被害を受けることにならないか」「自分だけが我慢をしていないか」

先ほど述べたように、これは性格の一面です。生来の気質以外に、親などの養育者の態度や育った環境といった、さまざまな要因が影響しているのだと考えられます。

そういった要因のすべてを取り除くことは、現実的ではありません。しかし、自分でコントロール可能な要因は何かを探る必要はあります。

私は、一つの要因として、「空気を読む」ことを強く求められる社会的な風潮があると考えています。そう考えるようになったのは、日々の診療からです。診療では、過剰なまでに空気を読むことに気を遣い、そのため他人の言動に過敏で神経質になっている人を多く見ます。そのような人は、みな一様にひどく疲れており、そのため情動が不安定となり、イライラとともに不安や不眠を自覚しています。

「空気を読む」ということは、他人の非言語的なメッセージを推し量り、「変な人だと思われないように」「怒られないように」もしくは「KYといわれないように」振る舞うことだといえます。そういうことを求められ続けていると、やはりおそれは強くなりますし、他人にも「空気を読んで振る舞う」ことを強く求めてしまいます。

皮肉レベルが高く、それをなんとか改善したいのであれば、他人を評価しないことともに、他人の評価を過度に気にしないことも重要です。「他人からの評価は、自分でコントロールできるものではない」と、割り切る行動を選択することをくり返すことが必要です。

おそれを手放す（D）　自分は被害者ではない

皮肉レベルの高い人は、「他人が故意に正しくない行いをするために、自分が被害を受けるのではないか」というおそれを常に抱いています。

しかし、少し落ち着いて考えてみると、なぜ赤の他人がわざわざあなたに被害を及ぼすような行いをする必要があるのでしょうか。特別な理由がない限り、そのようなおそれは無用だということに気づかされます。

だれかと接しようとする、少なくともその時点で、あなたはまだその相手からの被害は受けていません。「私は被害者ではない」ことを確認しましょう。

さらに、「私は、被害を受けるような存在ではない」「私は、悪口や陰口を叩《たた》かれる存在ではない」「私は、少なくとも重要な他者にとって、愛情を注がれるに値する貴重な存在である」ということを心に刻みましょう。

「自分が大事な存在である」という自信を深めていくことが、「自分が被害を被るのではないか」というおそれを手放すことにつながっていくはずです。

おそれを手放す（Ｅ）　信じる

皮肉レベルの高い人は、他人を信頼することがなかなかできません。

他人を自分のものさしで評価しないということや、人それぞれ価値観が違うのだと認識するということにも通じますが、それぞれの能力や個性は違うのです。

基本的にはだれもが同じように精一杯がんばっていることを理解しましょう。

家事や仕事、または社会生活上の様々な手続きを進める際に、この事実を思い出し、「他人を信じる」という行動を選択するようにしたいものだと思います。そして、「他人を信じる」という行動は、「自分を信じる」ことで無理なく行えるようになります。

つまり、「自分は穏やかな心であるために、正しいことを行っている」というように、「自分を信じる」ことができれば、先に述べた「だれもが同じように精一杯がんばっている」という理解にもとづいて、他人も自分と同じように正しいことを行っているのだということがすんなり腑《ふ》に落ちるはずだからです。

「人は大抵（自分と同じように）利己的で、放っておくと自分勝手な行動に走ってしまう。信じて、頼ることはできない」

そんなふうに考えて、おそれを抱いている人は、幸いにも今後自分の行動をコントロールし、また変えていくことができます。

今は皮肉に満ちている人の考え方も、「自分の行動を正しいものにすることができれば、自分と同じように振る舞っているはずの他人も信じることができる」というように、きっと近い未来には変化していることを信じ、希望を胸に日々を過ごしていきましょう。

第3段階の怒りを消す技術②　ゆるすために

「ゆるす」という言葉に改めて向き合ってみると、それは高尚な行為のように感じられます。そのために、「自分にできるだろうか」と心配になる人もいることでしょう。もしくは、「ゆるすことは大事だと思うけれど、どうすればゆるせるのか想像もできない」というふうに思う人もいるかもしれません。

くり返しになりますが、「心を穏やかに保つこと」を目標にして、あなたはゆるすという行為を選択します。怒りのコントロールの一環として選択する行動なのです。つまり、だれか他人のためにゆるしを行うのではなく、自分のために行うのです。

また、私たちは日常で、無意識に他人をゆるし、自分をゆるしています。実はごく日常的な行為だといえるでしょう。

たとえば、サッカーや野球などのチームスポーツに、あなたが参加したとします。あなたがプレーをミスしたり、他人がエラーしたりしても、多くの場合は責めたり、責められたりすることはないと思います。「ドンマイ！」と、声をかけ合って終わりでしょう。

緊迫した状況で、自分がミスをして萎縮しているときなどに、こう声をかけられたりすると、「次は、みんなのために好プレーでミスした分を取り返す！」と、仲間への感謝と貢献を誓い、顔を上げてがんばれるはずです。テレビのスポーツ中継を観ていると、一度ミスしたプレイヤーが、その後、試合を決定づけるようないいプレーをすることもよくあります。

周囲の人間も、チームメイトのミスによって陥った苦境に対して、落胆や憤りの気持ちがあったとしても、「ドンマイ！」と声をかけることによって、ゆるし、また気持ちを切り替えてプレーに集中していけるわけです。このようなときには、声をかけられたほうはもちろん、かけたほうの心にも、何かあたたかいものが感じられるものです。そのことを思い返してみても、たとえ小さなゆるしであっても、ゆるすことによる大きな力を感じます。

これはスポーツに限ったことでなく、日常生活の場面でも多く経験することです。

たとえば、仕事が忙しくて、普段ならしないような書類作成上のミスを犯してしまったとしましょう。別件での出張先で、あなたはこのミスに気づいたとします。このままでは、取引先に多大な迷惑をかける可能性があり、会社の信用も失いかねません。慌てて、外出先から同僚に電話します。

「すまない！　書類の一部を直してから、先方に連絡を入れてもらえないだろうか？　出張から帰ったら、自分も先方へ謝罪に駆けつける。課長にも、その後、すぐに報告すると伝えてほしい」

「ああ、その件はもう大丈夫。朝の打ち合わせのあと、ぼくが気づいて直しておいたから。相手への提出分も課長に確認して差し替えておいたよ。先方には、修正後の書類しか渡ってない」

「本当にありがとう！　手間をかけて悪かった。いや、ホッとした！」

安心したあと、急に思い出したことがありました。先日、電話に出たこの同僚がミスをしたとき、チームみんなの前で厳しく追及したのです。しかも、その日の飲み会で、同僚は後輩たちに不満をもらしていたため、あなた自身はわだかまりを抱えていました。

「あのさあ……、今、いうことでもないんだけれど、この前はきつく当たってすまなかった」

「えっ、なんのこと？　ああ、先日の件ね。あれはしょうがないよ。ぼくのミスで、明らかに自分が悪いんだから」

「いや、そうかもしれないけれど……。きみはこんなふうにリカバリーしてくれているのに……。ちょっといいすぎたかなと思って、気になったものだから……」

「何いってんだよ、気持ちが悪い。お互いさまだろ！　ミスなんか、仕事をしていたらだれだってあるよ。気にしなくていい。次、何かあったらよろしく頼むよ。じゃあな」

先ほどの「ドンマイ！」もそうですが、「お互いさま」も、ゆるすときに私たちがよく用いる表現だと思います。ゆるすと同時に、相手に気を遣わせないための思いやりも含んだいい言葉ではないでしょうか。このようなときにも、心には何かあたたかいものが確かに残ります。

また、このようなやり取りがあると、「かなわないな」「あいつのほうが上手《うわて》だな」というふうにも感じるものです。やはり、ゆるすことによる大きな力なのです。

別の例を考えてみましょう。

昼食時に入ったお店で、あなたがオーダーしたものとは違う料理が運ばれてきたとします。

「あれ？　これ、頼んだものと違うよ。ちゃんと頼んだものを持ってこいよ！」

こんなふうに、平謝りする店員に怒鳴る人もいれば、別の対応をする人もいます。

「えっ？　これは頼んでないけど……。でも、まあ、いいか。これもおいしそうだしね。こっちも急いでいるから、これでいいよ」

このような対応であれば、その場に居合わせた関係のない周囲の人までホッとします。そして、やはり心にあたたかいものを感じることでしょう。

「まあ、いいか」という言葉も、ゆるすときによく使われます。「まあ、いいか」と呟《つぶや》くと、次の瞬間から目の前の出来事が取るに足りない、小事に思えてくるから不思議です。

以上の例のように、私たちは日常的に相手をゆるし、また自分がゆるされているのです。そのため、「ゆるし」を難しく考える必要はありません。自分の心にあたたかいものを感じながら、ゆるす行動を選択していきましょう。

さて、怒りのコントロールに取り組むために、さまざまな方法に挑戦し、実践してきましたが、いよいよ最後の行動選択の段階に至りました。

あなたは、どのような怒り経験をし、どのような過程を経たとしても、最終的には「ゆるす」ことを選択することで穏やかな心で健やかに過ごせるようになります。

第3段階の最後に、「ゆるす」という選択肢について理解を深めていくことにしましょう。

ゆるすために（A）　素直な気持ちでゆるす

私の息子が幼稚園に入園したばかりのころ、夫婦でクラス参観に出かけたときに、園児たちのこんな光景を目にしました。

「○○ちゃん、ごめんね」

「いいよ、□□ちゃん。ごめんね」

「二人とも偉い！　ちゃんと仲直りできたね！」

二人の園児は先生に頭をなでてもらうと、つい先ほどまで頬をふくらませていたのがうそのように、すぐに手をつないで園庭へと駆けだしました。こんな様子が、園内のあちこちで見られ、微笑ましく感じたことを覚えています。

「ごめんね」

「いいよ」

3、4歳の幼い子どもたちは、まるで演劇の台本にあるセリフでも読み上げるかのように、いい合っていました。

大人の立場で聞くと、そのかけ合う言葉は棒読みで、まったく心が籠もっていないように聞こえるにもかかわらず、まるでそれが仲直りのための魔法の呪文であるかのようでした。一言で心からすぐにゆるし合っている園児たちの姿に、「子どもってすごいなあ」と、心底感心した記憶があります。

また、人生初めての集団生活のごく初期の段階で、「謝罪とゆるし」がソーシャル・スキル（社会的技術）として必要とされ、教育されていることに妙に納得したことを覚えています。妻も、私と同じ感想を持ったようです。園児たちの魔法の呪文のやり取りを、「かわいいね」と笑い、家庭でも同様に徹底してしつけようと話し合いました。

さて、私はこの出来事をずっと覚えていたわけではありません。妻と些細なことで口論したときに、フッと思い出したのです。今となっては、なぜ口論したのかも思い出せないほど、些細な理由でした。その理由はともかく、このような感じだったと覚えています。

「いいや、謝らない！　俺はこの件は悪くない」

「悪いとはいっていないでしょう。うっかりしていたとしても、まずは普通謝るでしょう？」

「普通？　普通ってなんだよ？」

よくある夫婦げんかです。お互いに腹を立てていて、私のほうも普段なら気にも留めないような言葉尻を捉えては文句をつけました。この言葉に妻もあきれたのでしょう。私がこういったあと、それに続く妻の言葉をはっきり覚えています。

「えー、何よそれ！　まるで幼稚園児じゃない！」

「えっ！　幼稚園児って……」

この妻の言葉で、さらに腹が立ったものの、先の園児たちの魔法の呪文を交わすシーンを思い出しました。園児たちのほうが、今の自分たちよりもずっとクールで理知的な会話を交わしていました。私は自分が滑稽に思えてきました。

「まあ……、幼稚園児以下みたいだね。もういい加減疲れたから、仲直りしよう」

「ええっ、突然何？　しかも、なんで笑っているの！　まあ、いいわよ。私も別に、けんかをしたいわけじゃないし。でも、一言謝ってよね！」

「えっ！　でも、俺が悪いわけでもないのに……」

せっかく仲直りの提案をしたのに、自分の期待に反して妻がスムーズに受け入れてくれないことで、また腹が立ちそうになりました。しかし、瞬間的に「魔法の呪文のつもりで謝ってみるか」という考えが浮かんできました。

「わかったよ。……『ごめんね』」

私の芝居がかった棒読みの謝罪に、妻も思い出したようです。

「ああ、それで笑っていたのね。じゃあ、『いいよ』」

と、棒読みで返しました。それでも、魔法の呪文の効果は絶大です。このやり取りで、お互いの気持ちが切り替えられたのです。たった一言のやり取りで、清々《すがすが》しくあたたかい気持ちになりました。

このような私の個人的なエピソードも「ゆるす」ことに含まれます。イライラした気分や自分は悪くないというこだわりを捨て去り、妻のことをゆるしたうえで、一歩譲ったつもりで私は謝っているのです。

私の例は軽いケースですが、重いケースでも適用可能なのでしょうか。「あのような最大限の怒りを生んだ状況を、果たしてゆるしていけるだろうか」と不安を抱いた人もいるかもしれません。

また、自分自身が理不尽な扱いを受けて、実際に被害者となった場合に、苦しみながらもゆるすことを選択していく、というシビアな状況を連想した人も少なからずいることでしょう。

そのような場合には、ゆるすという選択のある・なしを比較してみる必要があります。「ゆるさない」、つまりは「怒り続ける」ことで、自分自身や、場合によっては家族へも負の連鎖をもたらすことを考えてみましょう。多くの場合、その比較によって、ゆるすという決断をくだせるのではないでしょうか。

このようなシビアな決断をくだせるようになるには、日々の生活における些細な怒りをゆるしていくことが重要です。ちょっと嫌なこと、気に入らないこと、理不尽な人、相性の合わない人といった比較的小さなことをゆるすことの延長線上に、大きなゆるしはあります。

重要な出来事をゆるせるようになるためには、日常で生じる重要でない怒りを一つひとつ丁寧に、ゆるす選択をしていくこと、その積み重ねが大切なポイントになると思います。

まずは一度、怒りを喚起した小さな出来事を意識的にゆるしてください。そして、そのときに得られた自分の心の状態を感じてみましょう。

たとえば、朝の通勤電車に乗り込もうとしたら、急に横から割り込まれたとします。明らかに相手のマナー違反ですが、それを諭すような時間もありません。相手をにらみ続けたとしても、マナー違反をするような人間がそれで反省するとも思えません。自ら怒りを表現しても、なんらメリットはないのです。ただ、自分の中にあるムカムカとした怒りは、最終的にどのように処理していけばいいでしょうか。

「しょうがない。マナー違反をするほどの、何か特別な事情があるのかもしれないから、ゆるす」

「まあ、いいか。割り込まれたけれど、電車に乗れないわけでも、会社に遅刻するわけでもない。不愉快だけれど、実害はないんだ。これくらい大目に見てやろう」

やむをえない状況があるかもしれないと、相手への共感に努め、思いやることでゆるしてもいいでしょう。また、相手への寛容さをもってゆるしてもいいでしょう。

ゆるしたあとには、イライラやムカムカに取って代わり、あたたかいものが心に残ります。このあたたかいものは、とても心地よいものです。

このように、日常的な出来事に対して素直な気持ちでゆるしてみましょう。単なる魔法の呪文のように、「まあ、いいか。ゆるそう!」と感情を込めずに口に出してみるだけでも、実際の効果は想像以上です。だまされたと思って、試してみてください。

余計なことを考えず、ただひたすらゆるしてみましょう。そして、ゆるしたあと、心に残るあたたかいものを感じてみてください。これが、ゆるしに取り組む大きな動機づけになっていくと思います。

ゆるすために(B) 重要な他者をゆるす

日常的にゆるす経験を積み重ねていくことで、「どうしてもゆるせない」と感じていたようなものですら、ゆるしを選択できるようになると考えます。逆に、「どうしてもゆるせない」と感じる怒りをコントロールしていくためには、最終的にはゆるすことしかないのです。

私たちは、身近にいる親しい関係にある人ほど、実は怒りを感じる頻度も高いということを経験的に知っています。私が妻とつまらないけんかをすることなども、その一例でしょう。

その一方で、身近にいる親しい人は、自分にとって重要な他者です。重要な他者との関係がうまくいかない場合には、そのストレスは強く、一時的に眠れなくなったり、食欲が落ちたりすることを経験したことのある人も多いでしょう。

そのため、怒りを感じる相手が重要な他者であった場合には、これまでに紹介してきたすべての方法を、何度でもくり返し試し、怒りをコントロールする必要があります。そうでないと、自分の心を穏やかに保つことなどできません。

また、くり返し怒りを感じ、数えきれないほどのけんかをしたとしても、最終的にはそれを乗り越え、ゆるし、ゆるされることができる関係を重要な他者との間に築くことができれば、これほど心強いことはありません。

たとえば、「あの人をゆるすことができれば、気分はどれほど落ち着くだろうか。それはわかってはいるけれど、どうしてもゆるせない」という具合に、深く悩む状況にあなたが置かれたとしましょう。

このような場合に、安心して相談できるのは重要な他者だけです。そんな状況を腹を割って話すことで、「そんなことがあったの。それは、私でも怒るよ」と、自分の怒りについても共感し、つらい気持ちを共有してくれます。

そのうえで、「怒るのは当然だけど、もう気持ちを切り替えていこう。いっしょに、おいしい物でも食べて、楽しいことに目を向けようよ」といったふうに、怒りを捨て去るコーチのような存在になってくれることもあると思います。

さらに、「少し時間がかかってもいいじゃない。でも、少しずつ気持ちを整理して、水に流していこう。それしかないよ。そうすれば心は穏やかになるんじゃない？」と、なかなかゆるせない葛藤を抱え続ける自分を、そのことも含めて受け入れてくれるということもあるかもしれません。

このような存在はほかにはいません。重要な他者は、かけがえのない存在なのです。

そんな重要な他者との関係を良好に保つには、どんな出来事があったとしても最終的にはゆるす選択をすることです。そのためにも日ごろから、小さな行き違いや意見の相違から生じるイライラやムカつきをこまめに捨て去り、さらにゆるす選択をして怒りをコントロールしていきましょう。

重要な他者との間に生じる怒りをこまめにケアするためには、日常生活で工夫を施すことです。具体的には、次の二つの方法が役立ちます。

日常生活の工夫①　あいさつを欠かさない

一つめは、「あいさつを欠かさない」ことです。「おはよう」「おやすみ」「いただきます」「ごちそうさま」「ただいま」「おかえり」などのあいさつを、忘れずにいいましょう。

重要な他者には、配偶者やパートナー、親、子どもなどがまず考えられます。生活を共にしていることが多いものです。

いっしょに生活していると、自分勝手な思い込みや「家族なのに、何を今さら」といった照れから、あいさつがおざなりになるケースも少なくありません。けんかしたあとならば、同じ部屋にいてもお互いに口を利かず、そっぽを向いて黙々と食事をしたり、無言で出勤や外出の準備をしたりという具合に、なおさらなりがちです。

しかし、これが他人であればどうでしょうか？

会社の同僚やご近所さんであれば、多少の行き違いがあったとしても、顔を合わせてもあいさつを交わさないというのは考えにくいと思います。

あなたが生活を共にしているのは、重要な他者です。よく考えてみれば、会社の同僚やご近所さんより良好な関係を維持すべき優先順位は上にあります。

よい対人関係を維持するためには、そのための働きかけ、いい換えれば「多少の努力」が、それがだれであろうと必要になります。親密な関係だからこそ、よい対人関係を維持するためにあいさつを欠かさないようにしましょう。

また、あいさつは、ゆるすためのよいきっかけになります。

たとえば、夕食の準備中にけんかになったとしましょう。その場合には、次のあいさつ（「いただきます」）を交わすタイミングで相手をゆるすのです。

これは、自分と重要な他者が落ち着いた精神状態のときに話し合い、お互いのルールとして決めておくといいと思います。「無駄なけんかで貴重な時間を浪費したくない。あいさつを交わしたら、『直前にいい争った件は持ち出さないでゆるし合う』というルールにしてみない？」と提案してみましょう。

もちろん、あなた同様、相手も行動を選択する決定権があります。もし、賛同を得られなくても、それについて腹を立てる必要はありません。自分だけがそのようなルールを持つという行動を選択すればいいのです。

また、けんかの原因によっては、話し合いが必要になることもあるでしょう。そのような場合には、第1段階から第2段階に戻り、しばらくたって落ち着いてから話し合うといいでしょう。

日常生活の工夫②　「ありがとう」を伝える

重要な他者との間に生じる怒りをこまめにケアするための工夫の二つめは、「感謝」です。相手の小さな行為の一つひとつに、「ありがとう」といいましょう。

新聞を渡してくれたら、「ありがとう」。

コーヒーカップを取ってくれたら、「ありがとう」。

部屋の明かりを点《つ》けてくれたら、「ありがとう」。

とにかく、どんな些細なことでも、相手が自分のために動いてくれたり、言葉をかけてくれたり、時間を取ってくれたりしたら、「ありがとう」といいましょう。

もちろん、これもゆるすために行う行為ですから、けんかをしているときであっても、「ありがとう」はいうとルールを決めます。

たとえけんかになったとしても、「自分はこんなことで腹を立てるのだということを気づかせてくれた」、もしくは、「このようなことをすると、他人を怒らせることもあるのだということに気がついた」と、いわば反面教師として捉えてみるのです。それを感謝するようになれれば、あなたは成長したのではありませんか。

感謝を伝えるのは、相手のためではなく、常に自分自身のためです。この事実を日常的に深く認識しておく必要があります。

私たちは、感謝をしながら、同時に怒れません。怒りの定義を、再度思い返してください。

「怒りとは自己への、不当なもしくは故意による（と認知される）、物理的もしくは心理的な侵害に対する、自己防衛のために喚起された、心身の準備状態」

つまり、怒りが喚起されるのは、だれかのたくらみによって、自分が被害を被っていると捉えているときです。その性質上、「ありがたい」という感謝の気持ちと併存することはできません。

そのため、感謝をする機会をふやしていくことで、重要な他者に対して怒りを抱く機会自体がへっていくことになります。すなわち、心穏やかに過ごせる時間がふえることにつながるのです。

幸せな人とは？

あなたは、「幸せな人」とはどのような人だと思いますか？

社会的地位が高くて立派な肩書の人、お金持ちの人、ある道の第一人者などであったり、いわゆる成功者でしょうか。

どれも幸せな人の要因になりえますが、ここに挙げた条件を満たせば幸せな人になれるというものでもないと思います。

人それぞれ考えがあることでしょうが、私は、幸せな人とは「現状に感謝できる人」だと思っています。

松下電器（現パナソニック）の創業者である松下幸《まつしたこう》之助《のすけ》さんの言葉に次のものがあります。


「感謝の心が高まれば高まるほど、それに正比例して幸福感が高まっていく」

自分の置かれている状況に感謝できる人は、満たされているという実感を持っており、幸福感も高いということでしょう。このような幸福感が高い人は、「余裕がある人」でもあります。

余裕がある人というのは、たとえ怒ったとしても、すぐに怒りを捨て去ったり、ゆるしたりできるため、それ故に「余裕がある」という評価を得ているのでしょう。

すなわち、感謝することは、怒りのコントロールに役立つだけでなく、幸福感が高い、幸せな人になることにもつながっていくのです。

感謝する対象を広げる

私たちは、重要な他者へ感謝の意を積み重ねていくことで、感謝できる対象を徐々に広げていくことができます。

対人関係の評価の際に触れた、自分を中心とする同心円状の図を、再度イメージするといいでしょう。重要な他者は、円の中心であるあなたといちばん近い距離にいて、時間を共有することも多いものです。

そのため、重要な他者への感謝を積み重ねれば、穏やかな心でいられる時間がふえます。感謝の気持ちを持ち、穏やかな心でいると、心に余裕が生まれるのです。

心に余裕があると、たとえ心を傷つけられるような出来事や不快な出来事に直面したとしても、余裕を持って対処できます。

「まあ、いいか。どこにでもいろんな人がいる。たまに不愉快なことがあっても、日ごろは幸せなんだからありがたい」と、その出来事に囚《とら》われず、軽く受け流せるでしょう。

不愉快な出来事にさえも、なんらかの意味を見出《みいだ》し、感謝することができるような心の構えが得られるかもしれません。

重要な他者への感謝を積み重ねることで、幸福感は高くなり、高まった幸福感が同心円状にあふれていきます。そんなふうになれば、どんな人と接するときにでも、感謝の気持ちで、穏やかな心で過ごせるようになっていくことでしょう。

他人の言葉や振る舞いに左右されることなく、いつでも自分の行動選択によって穏やかな心を保てる――怒りのコントロールを体現した姿が、その先にはあるはずです。

くり返しになりますが、怒る・怒らない、怒りで相手を攻撃する・怒っても相手を攻撃しない、ゆるす・ゆるさないといったすべての行動を、その場面ごとに、自分自身で判断し、選択しています。

この選択と結果に責任を持ちつつ、怒りをコントロールする選択を積み重ねていってください。そうすれば、幸福感の高い毎日が必ず待っています。

怒りに振り回されず、穏やかな気持ちで人生を歩んでいきましょう。

おわりに

怒りについて考えることは、自分自身と向き合うことです。その意味では、本書の執筆は、私にとって自分自身の怒りと向き合う貴重な経験となりました。怒りについて原稿を書き進めるためには、普段よりも深く内面を見つめなければなりません。正直なところ、それはつらい時間でもありました。しかし、そんなときにこそ、「どうしてもこの本をまとめたい」と、不思議と強い決意を持ったものです。

それは、「おそれない」「ゆるす」という二つの言葉を再発見したからだと思います。「この二つの言葉を念頭に置いて生活すれば、だれもが怒りを上手にコントロールできる」――原稿を書き進めながら、私自身が次第にそんな実感を持てるようになりました。

怒りは、その原因を自分以外のものに求めさせる作用があります。私自身、イライラすると、その原因を他人や環境のせいによくしていました。

しかし、そんなときにこそ、自分の中に「おそれる気持ち」と「ゆるせない気持ち」があることに気づいてください。最初はぎこちなさを感じるかもしれません。本文中に紹介したステップを踏みながら、この二つの気持ちを手放すのです。少しずつかもしれませんが、確実に怒りのコントロールができるようになります。「自分の感情を自分は選択することができる」とは、文章にすると当たり前のように思えるかもしれません。しかし、日常生活で常によい選択を続けることは困難です。先の二つの気持ちを手放すことで、この文章をあなた自身が身をもって実感できるようになるでしょう。

短気で猜疑心《さいぎしん》の強い私にもできたのです。そうであれば、多くの人にとっても効果が期待できると確信しています。

さらに、「ゆるす」ことについて試行錯誤をくり返すなかで、心に「あたたかいもの」を感じているときには、無理なく、ときには自然に怒りをコントロールすることができることを経験的に知りました。

また、「ゆるす」という選択は、怒りのコントロールに役立つだけでなく、幸福感も高めることを知ったのです。

つまり、ネガティブな感情の一つである怒りをコントロールすることが、幸せを感じながら毎日を送るためには必要不可欠なのです。

改めて本書を読み返すと、私は「あたたかいもの」という言葉を何度も遣っています。反復されるため、読みづらいと思った人もいることでしょう。なかには、ほかのもっとストレートな言葉、たとえば「愛」などに置き換えたほうがいいと感じた人もいるかもしれません。

原稿を書きながら、私もあたたかいものという言葉が気になっていました。ほかの言葉に置き換えようと何度も試みたのですが、うまくいきませんでした。あたたかいもの以上に、自分の中でしっくりくる言葉が思いつかなかったのです。

それは、あたたかいものの大切さに、私自身が気づき始めたばかりだからかもしれません。あたたかいものについて、過不足なく表現できる別の言葉を探していくことは、私自身、これからの密《ひそ》かな楽しみになりそうです。

私が、あたたかいものを意識的に感じる機会をふやすようにしてからというもの、怒りのコントロールが格段にうまくいくようになりました。小さな自己変革といってもいいでしょう。幸福感を高める生き方のきっかけを、怒りのコントロールを通して教えてもらったのです。

本書を読まれたあなたにも、私が感じたこの変化をつかんでほしいと願ってやみません。また、あなたが本書にある実践方法に素直な気持ちで取り組みつつ、自分を見つめることをくり返せば、あたたかいものを必ず感じてもらえると確信しています。

本書によって、怒りのコントロールがうまくできるようになり、さらに幸福感が増していくようならば、著者である私もとても幸せに思います。

最後に、心からのお礼を申し上げたいと思います。

本書の執筆は、マキノ出版の高畑圭さんによる私への問いかけから始まりました。「精神科医はどのように自身の感情をコントロールしているのですか?」という高畑さんの問いがなければ、この本を執筆することも、私の自己変革もありませんでした。この場を借りて、感謝を申し上げます。

また、原稿を書き進める過程で、イライラすることも多かった私を支えてくれた家族に感謝をします。あなたたちの存在がなければ、あたたかいものを感じることは決してできませんでした。本当にありがとう。

そして、ここまでおつき合いいただいたあなたに深謝いたします。伝えたいと思う対象がなければ、そもそも執筆する動機も起こりません。本書は読者であるあなたに伝えたいという思いから、ここまで書くことができました。

この執筆を通じて、私自身が大切なものを与えてもらったのです。まさに、与えることは受け取ることだということを教えてもらいました。

感謝するとともに、これまでにも増して、あなたの幸福感が高まることを心から願っています。

本当にありがとうございました。

『自信をはぐくむ』グレン・R・シラルディ　大野裕監修　中森拓也訳　創元社

『ゆるすということ』ジェラルド・G・ジャンポルスキー　大内博訳　サンマーク文庫

『ゆるしのレッスン』ジェラルド・G・ジャンポルスキー　大内博訳　サンマーク文庫

『愛とは、怖れを手ばなすこと』ジェラルド・G・ジャンポルスキー　本田健訳　サンマーク文庫

『愛と怖れ』ジェラルド・G・ジャンポルスキー　袰岩ナオミ訳　VOICE

『ゆるしの法則』ジェラルド・G・ジャンポルスキー　堤江実訳　サンマーク出版

『ゆるし　あなたの魂を癒す奇跡の力』アイリーン・R・ボリス＝ダンチュンスタン　佐藤志緒訳　イースト・プレス

『怖れを手放す』水島広子　星和書店

『ゆるす言葉』ダライ・ラマ14世著　野町和嘉写真　イースト・プレス

URLは執筆時のもので、一定時間経過すると読めなくなる場合もあります。

参考文献

『怒りのセルフコントロール』レッドフォード・ウィリアムズ，ヴァージニア・ウィリアムズ　河野友信監修　岩坂彰訳　創元社

「平成23年社会生活基本調査」総務省統計局・政策統括官（統計基準担当)・統計研修所　http://www.stat.go.jp/data/shakai/2011/index.htm

『怒りの心理学　怒りとうまくつきあうための理論と方法』湯川進太郎編　有斐閣

「ストレス反応とその脳内機構」尾仲達史（『日本薬理学雑誌』2005年，第126巻第３号，170-173，2005-09-01）

「怒り表出行動とその結果　怒りの表出が必要な場面に焦点をあてて」木野和代（『心理発達科学』2003年，第50巻，185-194）

「怒り行動尺度日本語版の標準化への試み」三根浩，浜治世，大久保純一郎（『感情心理学研究』1997年，第４巻第１号，14-21）

「平成27年人口動態統計月報年計（概数）の概況」厚生労働省　http://www.mhlw.go.jp/toukei/saikin/hw/jinkou/geppo/nengai11/index.html

「タイプA行動パターンと心筋梗塞」野村忍（主な病気の解説　ストレス講座その８）　http://www.fuanclinic.com/byouki/vol_29c.htm

「タイプA行動パターンと虚血性心疾患発症リスクとの関連」国立研究開発法人 国立がん研究センター がん対策情報センター　http://epi.ncc.go.jp/jphc/outcome/324.html

『「うつ」が楽になるノート』水島広子　PHP研究所

『臨床家のための対人関係療法入門ガイド』水島広子　創元社

『松下幸之助からの手紙』松下幸之助著　PHP研究所編　PHP研究所

本書は、二〇一三年五月、書き下ろし単行本としてマキノ出版より刊行されました。

本文デザイン　斉藤啓（ブッダプロダクションズ）

備瀬哲弘の本

精神科ER　緊急救命室

仕事の多忙さが沸点を超え、突然叫びだしたサラリーマン。「愛が欲しい」と恋人の前で包丁を取り出す女性。極度の緊張の中で様々な現実と格闘する現役精神科医師が語る壮絶人間ドキュメント。

備瀬哲弘の本

うつノート
精神科ERに行かないために

近年「うつ気分」を訴える人が多いが、その中には「うつ病の人」と「うつ病ではない人」がいる。その違いと対処法を具体例をあげ詳細にレポート。「うつ気分」から立ち直る自己診断ノート付き。

集英社文庫

備瀬哲弘の本

精神科ER　鍵のない診察室

うつ病で自殺未遂したサラリーマン、幻聴に怯える若者、単身赴任中に妻子を亡くしてパニック発作を発症した男性……心の病に苦しむ人々と真摯に向き合う、精神科医のヒューマンドキュメント。

集英社文庫

備瀬哲弘の本

大人の発達障害

アスペルガー症候群、AD／HD、自閉症が楽になる本

身の周りにいる「ちょっと変わった人」は、なぜ周囲の人とうまく付き合うことができないのか？　現役精神科医の著者が10のケースから、発達障害を徹底解説。読めば、本人も周囲の人も楽になれる！

集英社文庫

集英社文庫　目録（日本文学）

東野圭吾　分身
東野圭吾　あの頃ぼくらはアホでした
東野圭吾　怪笑小説
東野圭吾　毒笑小説
東野圭吾　白夜行
東野圭吾　おれは非情勤
東野圭吾　幻夜
東野圭吾　黒笑小説
東野圭吾　歪笑小説
東野圭吾　マスカレード・ホテル
東野圭吾　マスカレード・イブ
東山彰良　路傍
東山彰良　ラブコメの法則
樋口一葉　たけくらべ
備瀬哲弘　精神科ER　緊急救命室
備瀬哲弘　うつノート　精神科ERに行かないために

備瀬哲弘　精神科ER　鍵のない診察室
備瀬哲弘　大人の発達障害　アスペルガー症候群、AD／HD、自閉症が楽になる本
備瀬哲弘　精神科医が教える「怒り」を消す技術
日髙敏隆　世界を、こんなふうに見てごらん
一雫ライオン　小説版　サブイボマスク
日野原重明　私が人生の旅で学んだこと
響野夏菜　ザ・藤川家族カンパニー　あなたのご遺言、代行いたします
響野夏菜　ザ・藤川家族カンパニー2　ブラック婆さんの涙
響野夏菜　ザ・藤川家族カンパニー3　漂流のうた
姫野カオルコ　みんな、どうして結婚してゆくのだろう
姫野カオルコ　ひと呼んでミツコ
姫野カオルコ　サイケ
姫野カオルコ　すべての女は痩せすぎである
姫野カオルコ　よるねこ
姫野カオルコ　ブスのくせに！　最終決定版
姫野カオルコ　結婚は人生の墓場か？

平岩弓枝　釣女　花房一平捕物夜話
平岩弓枝　女櫛　花房一平捕物夜話
平岩弓枝　女のそろばん
平岩弓枝　女と味噌汁
平松恵美子　ひまわりと子犬の7日間
平松洋子　野蛮な読書
平山夢明　他人事《ひとごと》
平山夢明　暗くて静かでロックな娘
ひろさちや　現代版　福の神入門
ひろさちや　ひろさちやの　ゆうゆう人生論
広瀬和生　この落語家を聴け！
広瀬隆　東京に原発を！
広瀬隆　赤い楯　全四巻
広瀬隆　恐怖の放射性廃棄物　プルトニウム時代の終り
広瀬正　マイナス・ゼロ
広瀬正　ツィス

集英社文庫

精神科医《せいしんかい》が教《おし》える「怒《いか》り」を消《け》す技術《ぎじゅつ》

2017年2月25日　第1刷　　定価はカバーに表示してあります。

著　者　備瀬哲弘《びせてつひろ》
発行者　村田登志江
発行所　株式会社　集英社
東京都千代田区一ツ橋2-5-10　〒101-8050
電話　【編集部】03-3230-6095
【読者係】03-3230-6080
【販売部】03-3230-6393（書店専用）

印　刷　図書印刷株式会社
製　本　図書印刷株式会社

フォーマットデザイン　アリヤマデザインストア　　マークデザイン　居山浩二

ISBN978-4-08-745546-5 C0195